まるごとレモン

ベストレシピBOOK

河井美歩

はじめに

私は徳島県で育ち、
小さいころからかんきつ類はとても身近な存在でした。
徳島のかんきつといえば、すだちとゆずですが、
これらは果汁だけではなく、
まるごと使われるシーンが日常だったように思います。
旬の時季は、
山ほどあるかんきつ類を余すところなく料理で堪能。
季節が終わっても、
保存食や調味料で閉じ込めた旬を好きな時に味わう。

これらの食の体験は私の料理のベースとなり、
かんきつ類の中でもレモンは特に好きな食材になりました。
旬の時季になると、瀬戸内の農家さんから箱でレモンを購入し、
果汁から、皮から、レモンをまるごと楽しむのです。
その使い道の幅広さは、野菜・果物の中でもトップクラス。

みなさんにも、そんなレモンの魅力をお伝えしたいと思いました。

本書では、日常生活の中で使ってもらえるように、
ふだんの料理、家族みんなが好きな料理を提案しています。
そして、新しいレモンの味わい方も楽しんでいただけたらと、
洋風、中華風、アジア風の料理、
それからお菓子、パン、ドリンク、保存食、調味料……。
さまざまなジャンルのレシピを欲張って詰め込みました。

この本を手にしてくださった方は、
すでにレモンを好きな人だと思います。
けれどこの本を読めば、もっとレモンの虜《とりこ》になるはずです。

さあ、レモン生活、はじめませんか？

河井美歩

CONTENTS

Part 1
レモンのトリセツ

Part 2
レモンのレシピ

レモンのお菓子とパン

本書の決まり

- 大さじ1は15㎖、小さじ1は5㎖、1カップは200㎖、1合は180㎖です。
- 砂糖は粗糖を使っています。粗糖とは、サトウキビの搾り汁を煮詰めて結晶化したもので、ミネラル分が豊富。これを白くなるまで精製したものが上白糖やグラニュー糖です。ご自宅でふだん使っているお好みのものをお使いください。
- 電子レンジの加熱時間は600Wを基準にしています。
- 作り方に記載している加熱時間は目安です。お使いの調理器具や環境によって変わりますので、様子をみて調整してください。

Part 1

レモンのトリセツ

INSTRUCTIONS FOR LEMON

LEMON #01

レモンの歴史

お話を聞いた人＝三輪正幸先生
（千葉大学環境健康フィールド科学センター）

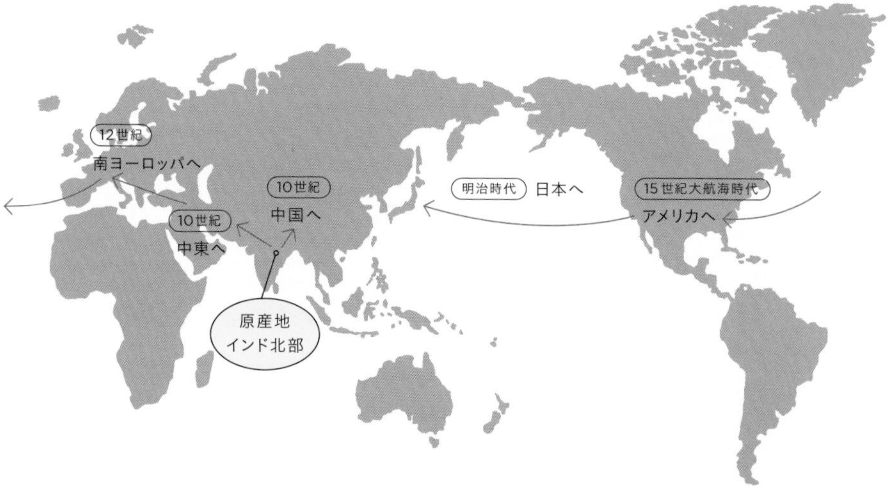

□インドからヨーロッパ、そしてアメリカへ

レモンの原産地はインド北部、ヒマラヤ山脈のふもとあたりだといわれています。現在でも、インドはライムを含むレモン栽培が盛んで、世界一の生産量を誇ります。その後、10世紀にシルクロードを渡り、12世紀には南ヨーロッパへ。そして、15世紀半ばから始まる大航海時代にアメリカへ海路で伝わるのですが、この長期間の航海中に、多くの乗組員が原因不明の病（のちの壊血病）で亡くなり、その特効薬としてレモンが重宝されたというのは有名な話。壊血病とはビタミンCの欠乏によって起こる病気で、ビタミンC豊富なレモンが乗組員の命を救い、その後の航海には欠かせない食料となったのです。

□アメリカから日本へ

日本へは、明治8年ごろにアメリカから入ってきたという説があります。外国との交易が盛んになった明治時代に、アメリカからさまざまな苗木を輸入して、自国で生産しようとする動きがあり、その中にレモンも入っていたとか。瀬戸内の温暖な気候がレモンの生育環境に適していたため、明治31年に広島県豊田郡大長村（現・呉市）で栽培がスタートしたという記録が残っています。その後、大陸への販路が開けて価格が高騰し、大長村や瀬戸田地区で急速に栽培が広がり、広島が全国一のレモン産地となりました。

ロレモン輸入自由化の影響

1964年にレモンの輸入自由化が始まり、外国から安価な果実が輸入されます。これで国産レモンの価格が下落するのですが、ただ、一気に生産量が下がったわけではありませんでした。というのも、果樹の場合、木があれば毎年実るため、すぐに栽培をやめる選択を迫られたわけではなく、むしろ、その後に起こった数回の寒波の影響などもあり、国産レモンの生産量は80年代前半にかけて徐々に減少します。

ロ国産レモンのニーズが高まる

ところが、1985年あたりから生産量が急増します。食文化の欧米化により、サラダなどの洋食が一般家庭の食卓に並ぶようになったことで、レモン自体の消費が拡大したのがひとつの理由。また、輸入レモンに使われる防カビ剤が消費者団体等によって問題視され、メディアで取り上げられたことによって、国産レモンの需要が高まりました。温州みかんの消費減少によって、温州みかんからレモン栽培に切り替える農家が増えてきたという理由もあります。

国産レモンの生産量の推移

出典:農林水産省大臣統計部(1965～2000年は統計のない年がある。2009～2010年、2016～2018年は寒波の影響などにより減少)

ロ現在のレモンの状況

1985年に約1,000トンの生産量だった国産レモンは、現在、8,000トン前後の量が作られています。最近では、無農薬や減農薬レモンを作る農家が増えてきたり、ハウス栽培で旬の時季以外でも出荷できたりと、国産レモンのニーズに応える動きが高まっています。数値で見ると、国産レモン7,089トンに比べて輸入量は52,579トン。自給率は13%ほどとまだまだ少ないですが、今後も国産レモンの生産量、消費のニーズは高まると思われます。

国内生産量と輸入量の比較
(2018年)

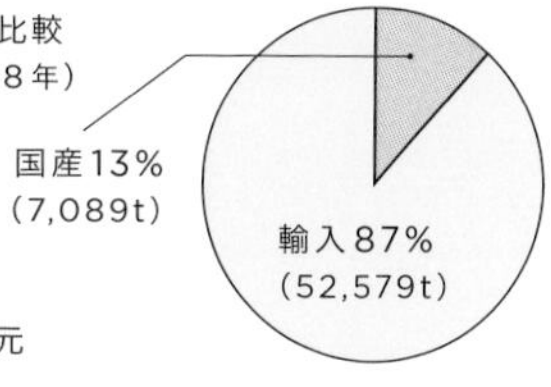

レモンの輸入量と輸入元

国名	輸入量(t)
世界	52,579
アメリカ合衆国	31,689
チリ	18,072
ニュージーランド	1,480
南アフリカ共和国	1,001
オーストラリア	199
トルコ	94
メキシコ	22
アルゼンチン	22

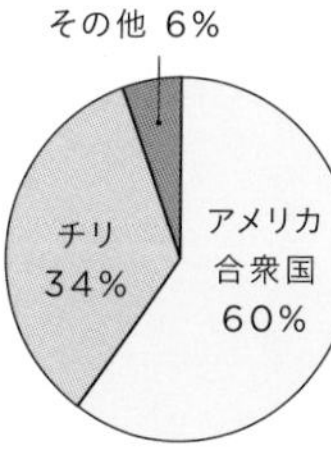

出典:2018年　財務省貿易統計(輸入)

LEMON
#02

国産レモンの産地と旬

レモンの出荷カレンダー（広島）

出典：JA三原

国産レモンの生産量のうち、広島県の生産量は4,000トン前後で、全体の約50％にあたります。レモンは寒さに弱いので、冬に霜が降りる地域では露地栽培が難しく、主な生産地は中・四国や関西、九州など、関東以西に限られます。広島県を例にとると、レモンは5月中旬に花を咲かせて結実し、10月ごろから「グリーンレモン」といわれる、皮が緑色のレモンが出荷されます。その後、果実が黄色く色づき始める12月下旬ごろからがイエローレモンの時季。そして翌年5月ごろまでは露地ものの出荷が続きます。また、冷蔵の貯蔵技術が進んでいるため、旬の時季ではない6〜8月上旬にも手に入れることができます。

現在はハウス栽培も盛んになっています。ハウス栽培の場合、加温することで2〜3か月早い夏場の7〜9月に出荷が可能となります。そして、ハウス栽培のメリットはもうひとつ。レモンは風雨に当たると病気が発生しやすいため、風雨に当たらないハウス栽培では、病気を防ぐ農薬を減らすことができるのです。

都道府県別のレモンの生産量

都道府県名	収穫量（t）
広島	3,570
愛媛	1,850
和歌山	656
宮崎	174
熊本	145
佐賀	99
香川	85
長崎	82

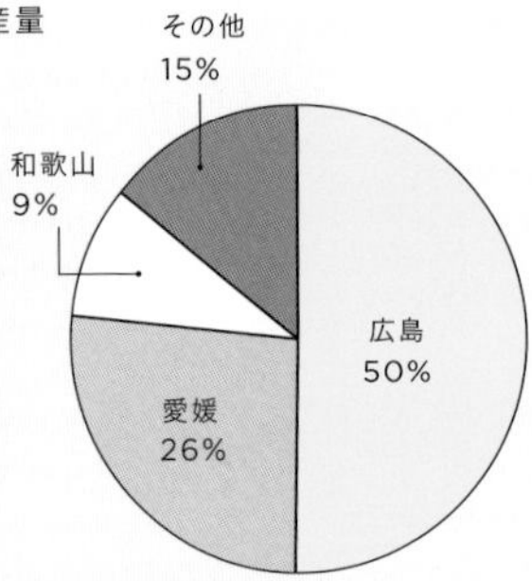

出典：2018年　特産果樹生産動態等調査（農林水産省）

グリーンレモンは新鮮な印

黄色に色づく前のグリーンレモンは、実は国産レモンならでは。輸入レモンは出荷されて消費者に届くまでに黄色く色づいてしまうので、グリーン＝新鮮な証拠でもあるのです。黄色いレモンと比べるとややかためですが、香りや酸味が強く皮も使えます。時季が限られる貴重なグリーンレモン、ぜひ使ってみてください。

LEMON
#03

国産レモンの品種

写真上はマイヤーレモン、左下はピンクレモネード、
右下は一般的なユーレカとビラフランカ。

スーパーなどに並んでいるレモンの品種は、ポルトガル原産のリスボン、アメリカ原産のユーレカ、シチリア原産のビラフランカなどが一般的ですが、見た目での違いは専門家でもほとんどわからず、味の違いもわかりにくいです。ただし、リスボンの木は寒さに強い、ビラフランカはとげが少ないなど、栽培するなら品種の違いを知っておくと役に立ちます。

変わりだねとしては、見た目にも特徴があるマイヤーレモン、ピンクレモネード、璃《り》の香《か》などがあります。マイヤーレモンはオレンジ（またはみかん類）との交配種で香りがやや薄く、酸味がまろやか。ピンクレモネードは皮に緑色の縞模様が入っていて、果実がほんのりピンク色。和歌山県を中心に作っている人気の品種です。璃の香はレモンと日向夏《ひゅうがなつ》の交配による新品種で、果実が大きくて丸く、果皮が薄いのが特徴。寒さに強いので、寒冷地でも比較的栽培しやすいのもうれしい性質です。

LEMON
#04

レモンの栄養成分と効能

レモンは抗酸化作用のあるビタミンCやクエン酸、ポリフェノールのほか、食物繊維などが豊富に含まれる健康食材。これらの成分は高血圧などの生活習慣病や肥満に加え、骨粗しょう症などの予防に効果があるといわれています。さらに、皮には複数の香り成分が含まれており、これらの香りが好きな人にとってはリラックス効果も。果汁だけでなく、皮やワタにのみ含まれる成分もあるので、皮やワタも捨てずに積極的に料理に利用するとよいでしょう。

[レモンに含まれる主な栄養素]

ビタミンC

レモン1個につき約100mgのビタミンCが含まれる。抗酸化作用があり、心臓血管系の疾病、生活習慣病の予防に効果的。

クエン酸

クエン酸はカルシウムを水に溶けやすくして吸収を高めるキレート作用があるため、骨粗しょう症予防にも効果があるといわれる。

エリオシトリン

レモンポリフェノールともいわれる黄色色素（フラボノイド）で、果皮に多い。抗酸化作用があり、コレステロール値を下げる効果が期待できる。

ナリンギン

ポリフェノールの一種で、苦み成分のフラボノイド。苦みがある白いワタの部分に含まれる。抗酸化作用があり、生活習慣病を予防。

食物繊維

果汁には主に水溶性、果皮には不溶性の食物繊維が多く、両方をバランスよく取ると効果的。整腸作用があり、生活習慣病や大腸がんの予防にも効果的。

香り成分

果皮の粒（油胞）の中にはリモネン、β-ピネン、γ《ガンマ》-テルピネン、シトラールなどの香り成分が含まれ、この香りを好む人にはリラックス効果をもたらす。

これが油胞！

防カビ剤と農薬について

これまで、レモンの皮を使わずに捨てていたのは、防カビ剤や農薬が原因だという人も多いと思います。いったい、なにを選べば安全なのでしょうか？

まず防カビ剤ですが、これはOPPやTBZなどいくつかの種類があり、名前のとおりカビの発生を防止するための殺菌剤の一種。海外から数週間～数か月かけて船便などで輸入されるレモンの多くに使用されていると考えられます。これはポストハーベスト、つまり収穫後にかけているという点で問題視されることが多いですが、厚生労働省では食品添加物として扱い、健康被害のリスクが極めて低い濃度まで下げる条件で、使用を認めています。

国産レモンに関しては、輸送にそこまでの時間がかからないため、収穫後に防カビ剤を使用しているとは考えにくく、その点では安心です。ただし、レモンは病気や害虫に弱いため、通常の栽培では収穫前に殺菌剤や殺虫剤を使っているケースが多くみられます。とはいえ、こちらも農林水産省の農薬取締法で使用基準が厳格に定められているため、基準が遵守された果実であれば、健康被害を受けるリスクは低いといえます。

輸入レモンであれ、国産レモンであれ、レモン果実を皮ごと食べるなら、まずはしっかりと果実を水で洗いましょう。農薬は水溶性のものが多いので、水だけでもある程度は洗い流せます。果実表面の凹凸の中に残った成分まで洗い流すためには、塩やスポンジ、たわしなどを使ってこすり洗いするとより効果的です。

農薬が気になるなら、有機JASなどで認定された無農薬果実を購入するのもよいでしょう。近年では苗木を購入して、家庭で無農薬のレモン栽培にチャレンジする人も増えています。レモンは鉢植えに向いており、ベランダでも栽培可能です。

レモンの洗い方

本書では、一般的な塩洗いをおすすめします。レモンの皮を使う調理の前に行ってください。乾いた手に小さじ1くらいの塩を取り、さっと濡らしたレモンに塩をこすりつけるようにします。濡れているほうが塩がレモンにつきやすいですが、水が多いと塩が溶けてしまうので注意。皮のへこみの中に塩の粒を入れるようなイメージで、ヘタのあたりもしっかりとこすったら、流水でよく洗います。

実践編

LEMON

#01

レモンの果汁も皮も使いこなす

レモンは好きだけど、サラダのドレッシングや揚げものに汁を搾りかけるくらいで、使い道があまりないと思っていませんか？　本書では、果汁だけでなく、皮（ときにはワタ）もまるごと使えるレシピを提案します。レモンといえば酸味と香りが特徴的ですが、果汁には酸味があっても香りは少なく、皮には香りがあっても酸味はなく、それぞれに役割が違います。両方使ってはじめて、酸味と香りをどちらも楽しめるのです。ワタには苦みがあり、これまであまり使われてきませんでしたが、使い方によってはこの苦みを生かすこともできます。

酸味の素

[果肉・果汁]

- 酸味が強く、料理に清涼感を与える。
- ドレッシングやソースなどに、果汁を搾って生のまま使うほか、加熱する料理にも使える。

香りの素

[皮]

- 皮の粒々（油胞）の中に入っているエッセンシャルオイル（精油）が独特の香りをもたらす。
- すりおろすか、細かく刻むなど粒を壊すことで香りが出てくる。

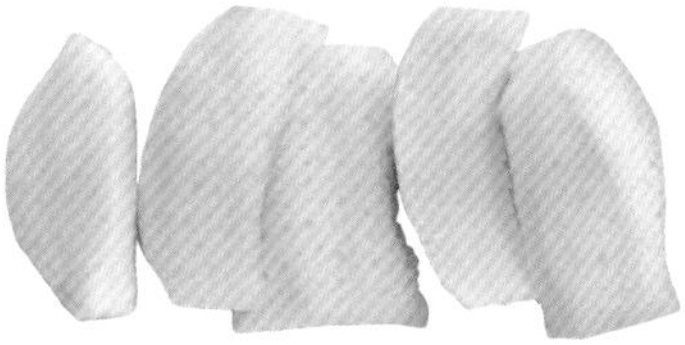

[ワタ]

- 苦いのであまり使われないが、料理によっては多少の苦みを加えることでおいしくなる。
- 加熱すると苦みが増すので、煮込み料理には向かない。

[種]

- 種はかたくて食べられないので通常は廃棄。
- ただし、種にはペクチンが含まれているので、ジャムのとろみづけのために一緒に煮ることもある。

おいしいレモンの見分け方

新鮮なレモンを見分けるにはヘタの色をチェック。とれたてのレモンはヘタが緑色で、皮にハリがあります。時間がたつとヘタがだんだん黒ずんできて、皮も徐々にしわしわになってきます。ぶつかるなど衝撃が加わるとそこから腐りやすいので、なるべく傷のないものを選びましょう。

LEMON
#02

レモンを切ってみる

料理によってレモンの切り方は変わります。料理に搾りかけるだけでなく、スライスして料理にのせて見た目にもレモン感を出したり、みじん切りにして皮の食感も楽しんだりと、目的によって使い分けることでレモンの使い道が広がります。料理にレモンの黄色が入ると、清涼感がプラスされて食欲も増進。いずれも、ヘタと種は取り除くこと。また、レモンはよく洗って水気を拭いてから使います。

[スライス]

レモンを横向きに置き、端から薄く切ります。スープや汁もの、鍋料理などの仕上げにのせると見た目が美しく、酸味と香りがほのかに移ります。ドリンクなど漬け込むレシピにも使います。

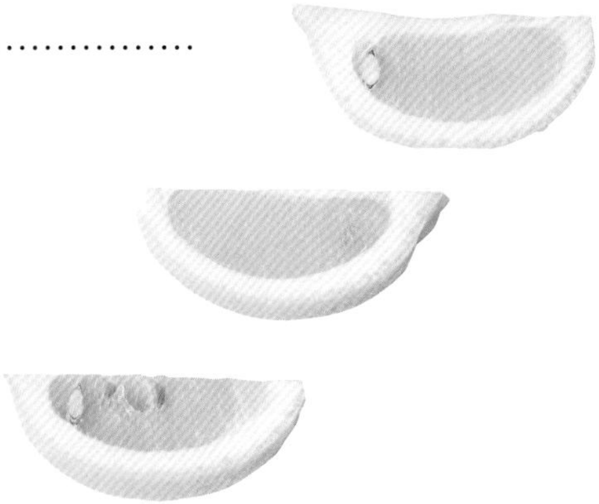

[くし形切り]

でき上がった料理に添えて、料理にギュッと搾りかけて酸味を加えます。まず縦半分に切り、さらに縦半分か3等分に切ります。あらかじめ種を取っておくと食べやすいです。

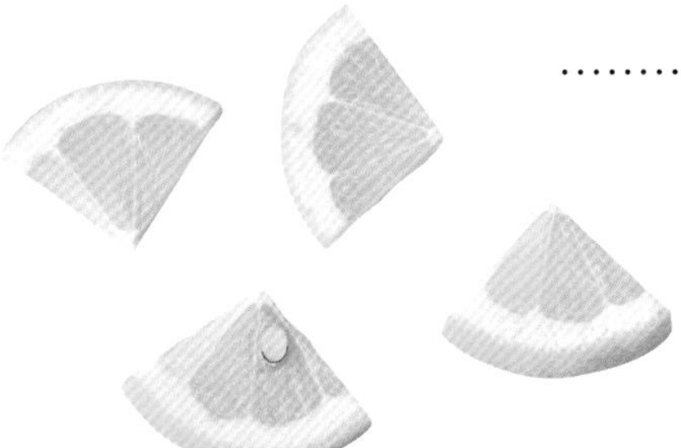

[いちょう切り]

具としての存在感もあり、飾りとしての役割も果たせる大きさ。炒めもののほか、ピクルスなどの漬けものにも使います。4等分のくし形切りにしてから、端から薄く切っていきます。

[みじん切り]

果肉も皮もワタも細かく刻むことで、酸味と香り、苦みがミックスされ、すべて食べきれます。薄くスライスしてから縦に細く切り、向きを変えて同様に切ります。種は取り除くこと。

LEMON #03

レモンを搾ってみる

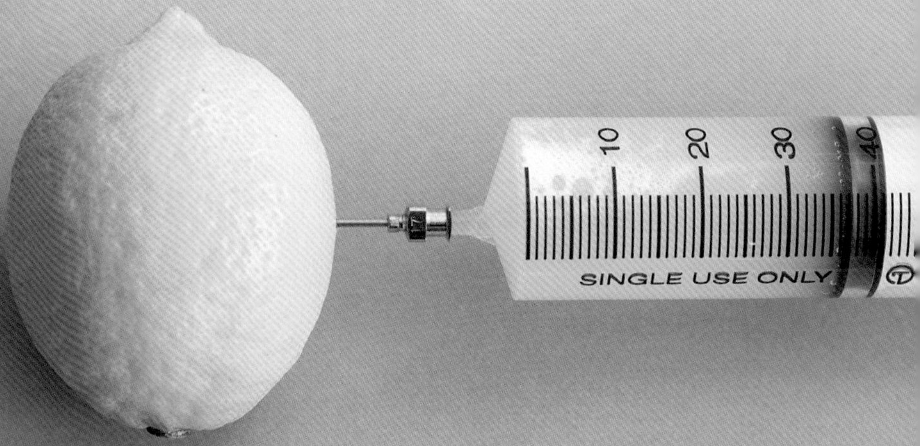

レモン1個分の搾り汁 ＝ **30〜40mℓ**

レモン1個でどのくらいの搾り汁が取れるか知っていますか？　レモンは個体によって果肉の量が異なるため、搾り汁の量にも個体差がありますが、複数のレモンを搾ってみたところ、平均で1個あたり30〜40mℓの搾り汁が取れました。大さじ1=15mℓなので、1個あたり大さじ2〜3弱。本書のレシピでは、この数値を目安にレモンの分量を記載しています。搾った後の皮はすりおろす用に取っておくとよいでしょう。

[搾り器で搾る]

ある程度の量のレモン汁が必要なときは、搾り器を使うとよいでしょう。横半分に切ってから、手で回しながら押して搾りきります。

[手で搾る]

搾り器がない場合、少量を搾る場合は、くし形切りにしたものを手で搾ります。皮もつぶすように搾ると皮に含まれる香りも入ります。

LEMON #04

皮をすりおろしてみる

レモン1個分のすりおろし ＝ 約小さじ1

皮にはレモンらしい香りがあるので、捨てずに使ってみてください。大根おろし用のおろし器だとうまくすりおろせないので、ゼスターグレーターというおろし金を使うのがおすすめです。白いワタの部分は苦いので、苦みが気になるなら皮の黄色い部分のみをすりおろすこと。個体差もありますが、レモン1個で小さじ1程度のすりおろしが取れました。皮をすりおろした後の実は、搾る用に取っておきましょう。

[おろし金ですりおろす]

チーズおろしにも使えるゼスターグレーターを使うと、ふわふわの細かいすりおろしが楽しめます。「マイクロプレイン」のものが特におすすめ。

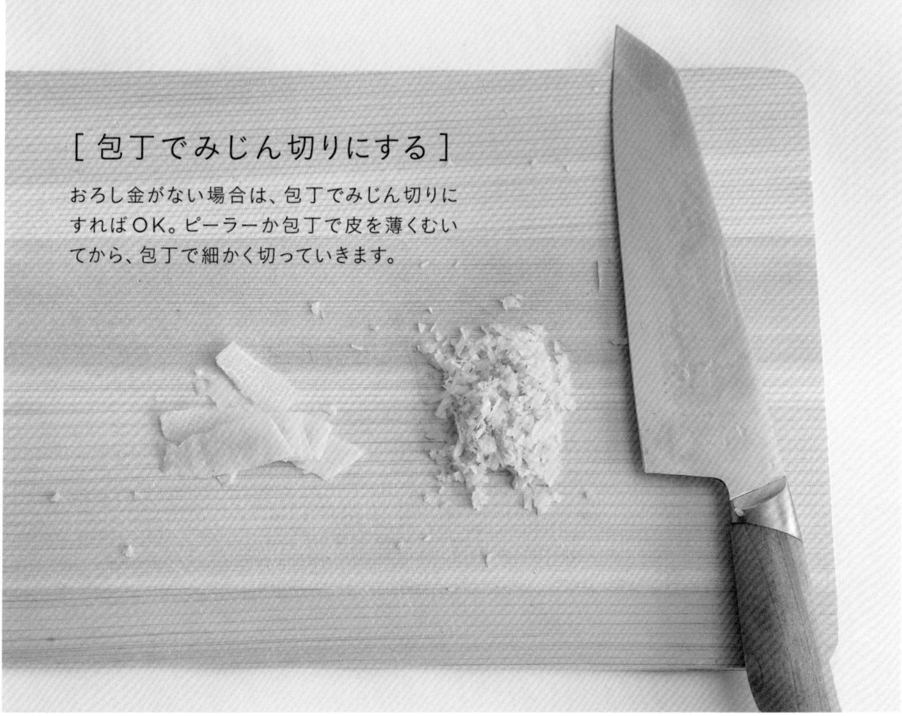

[包丁でみじん切りにする]

おろし金がない場合は、包丁でみじん切りにすればOK。ピーラーか包丁で皮を薄くむいてから、包丁で細かく切っていきます。

LEMON

#05

保存の話

常温・冷蔵の場合

レモンは果物の中でも日もちがするので、安くて品質のよいものが手に入るときに、多めに買っておくのもおすすめです。収穫したてのレモンなら、常温で1か月くらいはもちます。ただし、こすれて傷があるものはカビやすいので気をつけて。箱で購入した場合は、重なって傷がつかないようにして、涼暗所で保管します。冷蔵庫に入れるとより日もちしますが、冷えすぎるのもよくないので野菜室に入れるとよいでしょう。乾燥しやすいので、ポリ袋に入れるかラップで包んで湿度を保ちます。カットしたレモンはラップで包むか、保存容器に入れて保存を。水分で傷みやすいので早めに使いきりましょう。

ポリ袋で保存する場合、個包装にするとこすれる心配がなく傷がつきにくい。

箱で購入した場合は、積み重ねると傷がつきやすいので、なるべく重ならないようにして保存するとよい。

冷凍の場合

レモンを使いきれないときは、冷凍保存もできます。搾り汁を使いたいなら、くし形切りにするか、搾り汁をジッパー付きの保存袋に入れて冷凍するとよいでしょう。保存袋に入れた搾り汁は薄く平たくして凍らせて、使いたいだけポキポキと折ってから解凍します。また、一口サイズにカットしたものは、レモンサワーなどのドリンクにも使えて便利。溶けても氷のように水っぽくならず、マドラーなどで果肉と皮をつぶすとレモンのエキスが溶け出します。また、レモンをまるごと凍らせてそのまますりおろすと、ふわふわのシャーベット状で独特な食感に。皮ごと料理に直接おろしかけて使います。

くし形切り　一口サイズ

くし形切り、または一口サイズにカットして冷凍しておくと、少量使いたいときに便利。一口サイズはレモン氷にも。

果汁

レモン汁を使いたいなら、搾った汁を保存袋に入れて平たく凍らせるという方法も。

まるごと

まるごと凍らせた冷凍レモン。揚げものやサラダにおろしかけるなど、お好みの使い方で。

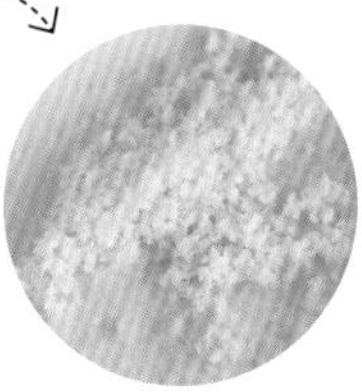

冷凍レモンをすりおろすとシャーベット状に。皮もワタも果肉もすべて食べられる。

レモンの皮が余ってしまったら

レモンの皮が大量に余ってしまったら、レモン塩にするのがおすすめです。ピーラーで皮を薄くむいてから包丁で細かくみじん切りにし、塩と一緒にから炒りすればでき上がり。ふりかけとしてごはんにかけてもいいし、おにぎりにまぶしたり、お茶漬けにしたり。天ぷらやから揚げ、冷ややっこ、焼いた肉にもぴったり。きゅうりと塩昆布をレモン塩であえれば簡単で気のきいたおつまみに。レモン風味の塩として、いろいろな料理に使えます。

それでも皮を使いきれないとき、また輸入レモンで皮を料理に使えないときは、掃除道具として活用してみてはいかがでしょう？ レモンの皮の粒々（油胞）には精油、つまり油が入っており、この油分が油汚れを浮かせて取り除きます。シンクやコンロなど、ベタつきが気になる部分を軽くこするだけでピカピカに。レモンの香りにも癒やされ、掃除するのが楽しくなりそうです。

レモン塩をシンプルに楽しむなら、おにぎりにふりかけて。塩むすびならぬ、塩レモンむすびに。

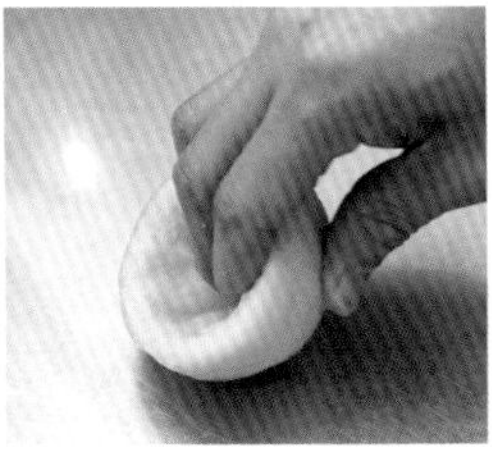

レモンの皮でキッチンの汚れが気になる箇所をこするだけ。洗剤がなくても汚れが取れて気持ちもスッキリ。

SCIENCE TOPIC

レモンの酸で電気がつく!?

レモンに亜鉛板と銅板を数か所差し込むと、あら不思議！ LED電球がかすかに光ります。これは、レモンの果汁に含まれるクエン酸が酸性電解質となって、亜鉛板の表面で電子が発生し、LED電球を通して銅板に電流が流れるために起こる現象です。レモン電池と呼ばれ、子どもの実験道具としても知られています。

Part 2

レモンのレシピ

LEMON RECIPE

レモンのドリンク

保存：冷蔵で1〜2か月

スライス

はちみつ レモンビネガー

健康維持のために飲んでいる人が多いビネガードリンク。さっぱりしたいとき、気分をリフレッシュしたいときにぴったりです。はちみつ入りなので酸味が強すぎず、甘さ控えめのレモンスカッシュのよう。ゴクゴク飲めます。

材料 作りやすい分量

レモン…2個
はちみつ…50g
酢…400mℓ

作り方

1 レモンは塩(材料外)でこすり洗いをして水気を拭き、5㎜厚さにスライスする。

2 密閉できる清潔な保存ビンにレモンとはちみつ、酢を入れて蓋をし、1日以上漬け込む。

※酢は米酢、りんご酢、玄米酢、黒酢など、好みのものでよい。

保存ビンの煮沸消毒について

長期保存する場合は、保存ビンを煮沸消毒しておくと長もちします。まず、ビンが入る大きめの鍋に湯を沸かし、ビンを入れて2〜3分煮立たせ、湯から引き上げたら水気をよくきって、自然乾燥させます。鍋とビンがぶつからないようにふきんを敷いても。保存ビンが入る大きさの鍋がない場合は、熱湯を注ぐか、食品用のアルコールスプレーで消毒してもよいでしょう。

飲み方 好みで氷を入れたグラスに、はちみつレモンビネガーと炭酸水が1:6になるように注ぐ。牛乳で割るとラッシーのようなヨーグルト風ドリンクになる。

[スパイスの特徴]

a **しょうが** 清涼感のある香り。さわやかな辛みもある。

b **ブラックペッパー** さわやかで深みのある辛み。スパイス感を強調したいときに。

c **赤唐辛子** 少しの刺激で意外と辛さは出ない。キリッと引き締めたいときに。

d **クローブ** 甘くふくよかな香り。

e **ローリエ** 清涼感の中にやさしい甘みのある香り。

f **カルダモン** スパイスの女王様。さわやかで清らかな香り。

g **シナモン** 上品で繊細な香りのセイロンシナモンは、ドリンクやスイーツ向き。

保存：冷蔵で半年ほど

スライス

スパイス
レモネード

レモンのドリンクといえばレモネード。シンプルに砂糖とレモンだけで作ってもおいしいですが、ここではスパイスを加えて、深みのある大人っぽい味にしてみました。甘さがそれほど得意でない人にも楽しんでもらえます。

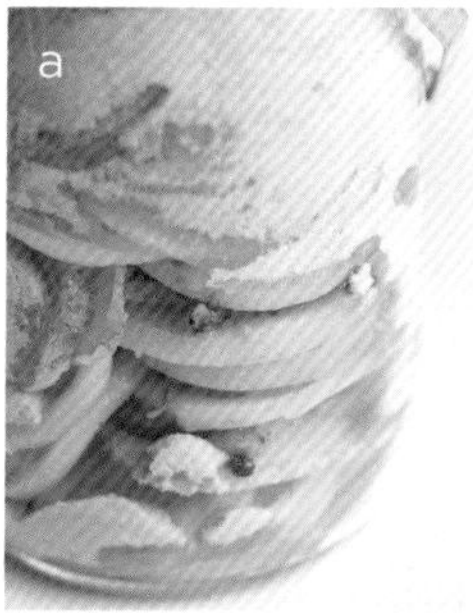

材料 作りやすい分量

レモン…4個
砂糖…レモンの重量と同量
A（好みで）
- しょうが…大1〜2かけ
- 赤唐辛子…1〜2本
- ブラックペッパー（粒）…小さじ1
- カルダモン…4粒
- クローブ…小さじ2
- シナモン…1本
- ローリエ…1枚

作り方

1 レモンは塩（材料外）でこすり洗いをして水気を拭き、5㎜厚さにスライスする。しょうがは皮付きのままスライスする。赤唐辛子は半分に切り、種は好みで取り除く。

2 密閉できる清潔な保存ビンにレモンとスパイス、砂糖を交互に重ねて入れ（a）、砂糖が溶けるまで常温に置く。1日1回、ゴムべらで混ぜて砂糖をなじませる。気温が高いと発酵が進んでしまうので、発泡していたら冷蔵庫で保存する。

※砂糖をはちみつに替えるとはちみつレモンになる。
※Aのスパイスはお好みで。なにも入れずにプレーンでも、好きなものだけ入れてもOK。

飲み方 好みで氷を入れたグラスに、レモネードと水が1:3になるように注ぐ。水の代わりに炭酸水で割るとレモンスカッシュに、お湯で割るとホットレモネードに。

保存：冷凍で2年

皮

リモンチェッロ

イタリア発祥のレモンのリキュール。冷凍庫でキンキンに冷やしたものを食後にストレートで楽しむことが多く、イタリアのレモン産地の各家庭で作られていたそう。皮のみを漬け込んでいるので酸味はなく、甘さの中にレモンの皮の香りをしっかりと感じられます。

材料 作りやすい分量

レモン…5個
ウオッカ…300mℓ
グラニュー糖…240g

作り方

1 レモンは塩（材料外）でこすり洗いをして水気を拭き、ピーラーなどで皮をむく。白いワタの部分が入ると苦みが出るので薄くむくこと。

2 密閉できる清潔な保存ビンにレモンの皮とウオッカを入れ、1週間〜10日漬け込む。レモンの皮の色が白っぽくなってきたら、ざるに上げてレモンの皮を取り除く（a）。

3 鍋にグラニュー糖と水300mℓを入れて火にかけ、グラニュー糖を溶かす。完全に熱が取れたら、**2**と合わせ、1週間ほどおく。

a

飲み方 冷凍庫で冷やしたものをストレートで飲むのが一般的。アルコールを強く感じる人は、氷を入れてロックにするか、炭酸水で割っても。

シナモンとバニラビーンズ以外のスパイスは、粗めにすりつぶしてから煮ると、スパイスの香りが短時間で液体に移ります。好みで赤唐辛子、山椒、八角、陳皮を入れてもよいでしょう。

保存：冷蔵で1か月ほど

スライス

クラフトコーラ

クラフトコーラは、レモンとスパイスと砂糖を煮詰めたもの。スパイスの配合はさまざまですが、なるべく材料を少なくしつつも、コーラらしい味を引き出しました。黒糖を入れることで、カラメル風味になります。

a

材料 作りやすい分量

レモン…1個
砂糖（またはグラニュー糖）…100g
黒糖…100g
A クローブ…3g
カルダモン…2g
ナツメグ…1/3個
ブラックペッパー…2g
シナモンスティック…2本
バニラビーンズ…1/2本

作り方

1 レモンは塩（材料外）でこすり洗いをして水気を拭き、5㎜厚さにスライスする。シナモンとバニラビーンズ以外のスパイスをグラインダーやミルで粗めにすりつぶす（なければ包丁で刻む）。

2 鍋に**1**とその他の材料、水200㎖を入れる。シナモンは手で裂き、バニラビーンズは包丁で縦半分に切ってから加える。

3 中火にかけてかき混ぜ、沸騰したら弱火で5分ほど煮詰める。粗熱が取れたら蓋をし、そのまま一晩おく(a)。夏場は冷蔵庫に入れる。

4 細かめのざる（またはペーパータオル）でこし、密閉できる清潔な保存ビンに入れる。

飲み方 好みで氷を入れたグラスに、コーラと炭酸水が1:3になるように注ぐ。お湯で割ったホットコーラもおいしい。

レモンの調味料

保存：冷蔵で2週間ほど

果汁

レモン ドレッシング

オリーブオイル、レモン汁、塩、こしょうだけのシンプルなドレッシング。まずはグリーンサラダにかけて、フレッシュなレモンの味を楽しんでみてください。好みでディルなどのハーブを刻んで混ぜたりと、アレンジも自在。

材料 作りやすい分量

オリーブオイル（エクストラバージン）
　… 60㎖
レモン果汁 … 大さじ2（約1個分）
塩 … 小さじ1/4
粗びき黒こしょう … 少々

作り方

ボウルにすべての材料を入れ、乳化するまでよく混ぜ合わせる。小さめの泡立て器があると混ぜやすい。

※混ぜるだけなので、使う分量をその都度作ってもよいが、多めに作って余ったら冷蔵庫で保存しても。

アボカドとささみとクリームチーズのサラダ

ささみは電子レンジを使うと、おいしく簡単に酒蒸しにできます。まったりしたアボカドと酸味のあるレモンの相性が抜群。

材料 2人分

アボカド … 1個
鶏ささみ … 2本
クリームチーズ … 50g
A 白ワイン（または酒）… 大さじ1
　塩 … ふたつまみ
レモンドレッシング … 大さじ3
バジルの葉（好みで）… 5枚

作り方

1 ささみは耐熱皿にのせ、Aをふって全体にまぶす。ふんわりとラップをかけて電子レンジで2分30秒〜3分加熱し、そのままおいて粗熱が取れたら食べやすい大きさに裂く。

2 アボカドは皮と種を取り、一口大に切る。クリームチーズはアボカドより小さめに切る。

3 ボウルにレモンドレッシング、**1**、**2**、ちぎったバジルを入れてやさしくあえる。味をみてドレッシング（分量外）で調える。

ゆで卵とブロッコリーのサラダ

カリカリに焼いたベーコンがアクセント。味の濃い緑黄色野菜とゆで卵を、さわやかなレモンドレッシングが引き立てます。

材料 2人分

卵 … 3個
ブロッコリー … 150g
ベーコン(薄切り) … 3枚
レモンドレッシング … 大さじ3
塩、粗びき黒こしょう … 各適量

作り方

1 卵はかためにゆで、粗熱が取れたら4等分に切る。

2 ブロッコリーは小房に分け、塩少々を加えた熱湯で2分30秒ゆでる。ざるに上げ、水気をしっかりきる。

3 ベーコンは1cm幅に切り、フライパンでカリカリになるまで炒める。

4 ボウルにレモンドレッシング、**1**、**2**、**3**、塩、黒こしょうを入れてやさしく混ぜ合わせる。

レモンポテトサラダ

マヨネーズを使わないあっさりしたポテトサラダ。じゃがいもの味がしっかり感じられ、いくらでも食べられます。

材料 2人分

じゃがいも … 2個
きゅうり … 1本
塩 … 適量
レモンドレッシング … 大さじ2
ディル(好みで) … 適量

作り方

1 鍋にじゃがいもとたっぷりの水を入れて火にかけ、ゆらゆらとした状態で20～30分ゆで、中まで火を通す。きゅうりは薄い輪切りにし、塩少々をふってもんで15分ほどおき、水気をしっかり絞る。

2 じゃがいもの皮をむいてボウルに入れ、マッシャー(またはめん棒)でつぶす。温かいうちにレモンドレッシングを加えて混ぜる。

3 きゅうりを加え、ディルの葉をちぎって混ぜ、味をみてドレッシング(分量外)か塩で調える。

保存：冷蔵で半年ほど

果汁　皮

レモンポン酢

ポン酢はかんきつ類と酢を混ぜて作ることが多いですが、このポン酢はレモンだけで作ります。レモン果汁と皮のみを漬け込んだ、クリアで上品な味わい。日持ちがするので、たっぷり作って保存しておくと便利です。

材料　作りやすい分量

レモン … 4個（果汁140㎖）
しょうゆ … 130㎖
みりん … 大さじ2
昆布 … 5g
かつお節 … 10g

作り方

1. レモンは1個分の皮をすりおろすか、ピーラーで皮をむく。皮をすりおろしたレモンも使い、果汁を搾って分量を用意する。
2. 保存容器に**1**とその他の材料を合わせ、冷蔵庫で1日以上おく。1週間くらいおくと深みが出る。使うときはざるでこす。

※長期保存する場合は、1か月を目安にレモンの皮と昆布とかつお節をこし、清潔な保存ビンに入れる。

［ まるごとレモンポン酢 ］

こちらは、レモンのワタも一緒に漬け込んだポン酢。皮と果汁だけのレモンポン酢に比べると、ほのかな苦みと深みがあります。材料は同じで、レモン果汁を搾った残りの皮とワタ（2個分くらい）をほかの材料と一緒に漬けるだけ。

レモンポン酢味玉

しょうゆ味の味玉よりもさっぱりとして食べやすく、味が濃くなりすぎません。そのままおつまみにも、お弁当のおかずにも。

材料 作りやすい分量

卵 … 4個
A レモンポン酢 … 50mℓ
└ ごま油 … 小さじ2

作り方

1 鍋に湯を沸かし、冷蔵庫から出したての卵を入れて8〜9分ゆでる。冷水にとり、冷めたら殻をむく。

2 ポリ袋に**1**とAを入れ、空気を抜いて口を縛り、冷蔵庫で半日以上漬ける。途中で転がして、むらなく漬かるようにする。

さわらの
おろしレモンポン酢

大根おろしとポン酢を煮立てた中に、さわらを入れるだけ。大根おろしの汁気でちょうどよい塩気の煮汁になります。

材料 2人分

さわら…2切れ
塩…適量
片栗粉…大さじ1
チンゲンサイ…1株
A レモンポン酢…60mℓ
└ 大根おろし…100g
（3～4cm分）

作り方

1 さわらは塩を全体に軽くふって10分ほどおく。出てきた水分をペーパータオルで拭き取り、片栗粉を全体にまぶす。

2 チンゲンサイは軸ごと縦4等分に切る。塩少々を加えた熱湯でさっとゆで、ざるに上げて水気をしっかりきる。Aの大根おろしはざるに上げて軽く水気をきる。

3 鍋にAを入れて煮立て、さわらを加えて弱火で3分ほど、火が通るまで煮る。途中で煮汁をさわらの上にかけるか、上下を返す。

4 チンゲンサイを加え、しんなりとするまでさっと温める。

レモンポン酢と豚肉の炊き込みごはん

かつお節や昆布のだしがきいているので、調味料はポン酢だけで十分。豚肉の代わりにツナ缶や帆立でもおいしい。

材料 作りやすい分量

米 … 2合
豚バラ肉（薄切り） … 150g
しめじ … 1パック
しょうが … 1/2かけ
レモンポン酢 … 60mℓ
塩 … ふたつまみ
三つ葉（好みで） … 適量

作り方

1 米は洗って30分（冬場は1時間）ほど浸水させる。豚肉は1cm幅に切る。しめじは石づきを取り、手でほぐす。しょうがはせん切りにする。

2 水気をきった米を鍋に入れ、水300mℓ、レモンポン酢、塩を入れてひと混ぜする。

3 表面を平らにし、豚肉、しめじ、しょうがを散らし、蓋をして強火にかける。沸騰したら弱火にして10分炊き、火を止めて10分蒸らす。

4 茶碗に盛り、三つ葉をのせる。

保存：冷蔵で2週間ほど

果汁　皮

レモンバター

レモンの皮と果汁を練り込んだバターは、冷蔵庫にあるとうれしいアイテム。使う分だけナイフで切って使えるのでとても便利です。バターを使った料理はこってりしがちですが、レモンバターはさわやかで、さっぱりといただけます。

冷蔵庫でかたまるまで冷やしたら完成。その都度、使いたい分量だけ端からカットし、残りは再度包んで冷蔵庫に戻します。

材料　作りやすい分量

バター（食塩不使用）… 100g
レモン … 1/2個（果汁約20㎖）
塩 … 小さじ1/4

作り方

1　バターは室温にもどす。レモンは皮をすりおろし、残りは果汁を搾って分量を用意する。

2　ボウルにバター、レモン果汁、皮のすりおろし、塩を入れてよく練り合わせる。

3　ラップを広げて**2**をのせ、棒状にまとめて両端をキャンディー包みにし、冷蔵庫で冷やしかためる。

レモンバターオムレツ

バターをたっぷり使ってもしつこくなく、レモンのさわやかな香りが口の中に広がります。レモンバターをストレートに味わえる料理です。

材料 2人分

卵 … 3個
牛乳 … 大さじ1
塩、こしょう … 各適量
レモンバター … 12g

作り方

1 卵をボウルに入れ、卵白のこしを切るように混ぜる。牛乳、塩、こしょうを入れて混ぜ、ざるでこす。

2 直径20㎝のフライパンにレモンバターを入れ、中火にかける。バターが溶けたらフライパンをまわして全体に広げ、卵液を一気に入れる。

3 ゴムべらで手早くかき混ぜ続け、半熟になってきたら周囲を丸く整える。卵を両側から折りたたんで形を整え、上下を返す。

4 器に盛り、好みでレモンバター適量（分量外）をのせる。

レモンバターの焼きいもサラダ

市販の焼きいもを使った簡単サラダ。焼きいものなめらかさとみじん切りの玉ねぎの食感のコントラストで、大人も満足する味に。

材料 2人分

焼きいも …1本(200g)
玉ねぎ…1/6個
レモンバター …25g
牛乳(無調整豆乳、生クリームでも)
… 適宜
アーモンド(ロースト) …10粒

作り方

1 玉ねぎはみじん切りにし、10分ほど水にさらしてしっかり水気をきる。アーモンドは砕く。

2 焼きいもは冷たければオーブントースターや電子レンジで温める。皮ごと一口大に切ってボウルに入れる。

3 レモンバターを加え、溶かしながらやさしく混ぜ合わせる。かたい場合は牛乳などで少しのばして好みのかたさに調整する。

4 玉ねぎを入れて混ぜ合わせ、器に盛り、アーモンドをかける。

帆立とアスパラガスのレモンバター焼き

いろいろな魚介や野菜のソテーをレモンバターで作ってみましょう。魚は鮭でも、野菜はスナップえんどう、そら豆でもおいしいです。

材料 2人分

帆立（刺身用）… 8個
アスパラガス … 1束
塩、薄力粉 … 各適量
レモンバター … 12g × 2かけ
オリーブオイル … 大さじ2

作り方

1 帆立の両面に塩を軽くふり、薄力粉を薄くまぶす。アスパラガスは根元を2cmほど切り、かたい部分はピーラーでむく。

2 フライパンにレモンバター12gとオリーブオイル大さじ1、アスパラガスを入れ、塩少々をふって弱火にかける。じっくり焼いて、アスパラガスに火が通ったら取り出す。

3 ペーパータオルでフライパンの汚れを拭き、再度レモンバター12gとオリーブオイル大さじ1を入れて中火にかける。バターが溶けたら帆立を入れて両面がこんがりするまで焼く。

4 器に**2**、**3**を盛り、好みで粗びき黒こしょう（材料外）をふる。

保存：冷蔵で4～5日

果汁

レモンみそ

酢みその酢をレモンに替えてみたら、くどくなく、やさしい味になりました。いろいろな野菜のあえ衣としても重宝するほか、スティック野菜につけたり、蒸した魚にかけたりしても。白みそとレモンの相性がよく、淡泊な味わいの野菜や魚をやさしくまとめてくれます。

材料 作りやすい分量

白みそ … 50g
砂糖 … 大さじ2
レモン果汁 … 大さじ1（約1/2個分）

作り方

すべての材料を混ぜ合わせる。レモンの皮のすりおろしを入れると香りがよい。

※白みそは商品によって糖度が異なるので、砂糖の分量は適宜調整するとよい。

※混ぜるだけなので、使う分量をその都度作ってもよいが、多めに作って余ったら冷蔵庫で保存しても。

きゅうりと香味野菜のサラダ

夏にきゅうりをたくさん食べたいときにおすすめのサラダ。薬味はお好みのものでOK。青じそやかいわれ菜でもおいしいです。

材料 2人分

きゅうり … 2本
塩 … 適量
パクチー … 1～2株
みょうが … 2個
レモンみそ … 大さじ1
オリーブオイル … 大さじ1

作り方

1 きゅうりは両端を落とし、まな板の上に置いて少しずつ回転させながらめん棒でひびが入るまでたたく。全体に割れ目が入ったら手で食べやすい大きさに裂き、塩を軽くふる。

2 パクチーはざく切りにし、みょうがは薄い輪切りにしてさっと水にさらし、水気をしっかりときる。

3 ボウルにレモンみそとオリーブオイルを入れて混ぜ、**1**、**2** を加えてあえる。

いかとスナップえんどうの
レモンみそあえ

やわらかいやりいかと独特な食感のスナップえんどうは絶妙な組み合わせ。木の芽を入れると香り高く上品な味になります。

材料 2人分

やりいか … 1ぱい(250g)
スナップえんどう … 60g
酒 … 大さじ1
塩 … 少々
レモンみそ … 大さじ1
木の芽(好みで) … 適量

作り方

1 やりいかは内臓と軟骨を取り除いて水でよく洗い、1㎝程度の輪切りにする。足は2〜3等分に、えんぺらは1㎝幅に切る。スナップえんどうは筋を取る。

2 小鍋に湯を沸かし、酒、やりいかを入れ、いかの色が変わるまでゆで、ざるに上げて粗熱を取る。

3 小鍋に湯を沸かし、塩、スナップえんどうを入れ、2分ほどゆでてざるに上げる。粗熱が取れたら斜め半分に切る。

4 ボウルに**2**、**3**、木の芽を軽くたたいて香りを出して入れ、レモンみそを加えてあえる。

鮭とレモンみその包み蒸し

鮭とみその相性はテッパンですが、ほかの切り身魚でもおいしいです。レモンをきかせたいなら、レモンスライスをのせてもよいでしょう。

材料 2人分

生鮭 … 2切れ

塩 … 適量

レモンみそ … 大さじ2

ごま油 … 小さじ2

ブロッコリー、ミニトマト … 各適量

作り方

1 鮭は塩を全体に軽くふって10分ほどおき、出てきた水分をペーパータオルで拭き取る。

2 オーブンシートの中心に**1**を1切れとブロッコリー、ミニトマトをのせ、レモンみそ大さじ1を塗り、ごま油小さじ1をかける。

3 シートの手前と奥を合わせてくるくると巻き、左右はキャンディー包みにする。もう1切れも同様にする。

4 電子レンジで3分半、火が通るまで加熱する。様子をみて加熱が足りなければ追加する。オーブントースターで仕上げる場合は、アルミホイルに包んで200度（600W）で10分程度加熱する。

保存：冷蔵で2週間ほど

果汁

アジア風ドレッシング

タイやベトナムなどの東南アジアでは、ナンプラーとレモンの組み合わせは定番。にんにくと唐辛子を加えると、ぐっと本場の味に近づきます。ゆでた春雨ときゅうりなどの野菜をあえると「ヤムウンセン」に。暑い夏に、ビールに合う料理ができ上がります。

材料 作りやすい分量

レモン果汁 … 大さじ2（約1個分）
水 … 大さじ1
ナンプラー … 大さじ3
砂糖 … 小さじ2
にんにく（みじん切り）… 1かけ
赤唐辛子（種を除いて輪切り）… 1/2本

作り方

すべての材料を混ぜ合わせる。

※混ぜるだけなので、使う分量をその都度作ってもよいが、多めに作って余ったら冷蔵庫で保存しても。

焼きなすの エスニックサラダ

タイ料理の焼きなすのサラダ「ヤムマクア」をイメージしました。パクチーが定番ですが、みょうがやねぎ、青じそなどの和の香味野菜でも。

材料 2人分

なす … 5個
玉ねぎ … 1/3個
パクチー … 1株
アジア風ドレッシング … 大さじ3
ごま油 … 大さじ1

作り方

1 なすは破裂防止のために縦に浅く切り込みを入れ、魚焼きグリルで真っ黒になるまで焼く。熱いうちに皮をむき、食べやすい大きさに切って冷ます。

2 玉ねぎは繊維に沿って薄切りにし、水にさらしてしっかり水気を絞る。パクチーは2cm長さに切る。

3 ボウルにアジア風ドレッシングとごま油を入れて混ぜ、**1**、**2**を加えてあえる。

キャベツの
ラープ風サラダ

ラープとは、ラオスやタイの代表的な肉のサラダ。ドレッシングで煮詰めたひき肉は、まさに食欲をそそるアジアの味。

材料 2人分

キャベツ … 1/6個
豚ひき肉 … 150g
A 酒 … 大さじ2
水 … 大さじ2
アジア風ドレッシング … 大さじ3
ごま油 … 小さじ2
レモン … 1/4個

作り方

1 キャベツは4cm四方に切る。レモンは半分に切る。

2 沸騰した湯にキャベツを入れて2分ほどゆで、水気をきる。

3 フライパンにひき肉、Aを入れて水分がなくなるまで中火で煮詰める。

4 器にキャベツを盛り、**3**、ごま油の順にかけてレモンを添え、搾りかける。

えびのアジア風炒め

えびを殻ごと焼くから香ばしい
ビールのおつまみ。手づかみで
ほおばって、指先についたたれを
しゃぶりながら豪快に！

材料 2人分

えび（殻付き）… 6尾
サラダ油 … 大さじ1
アジア風ドレッシング … 大さじ2
レモン（くし形切り）… 1かけ

作り方

1 えびは背ワタを取り、尻尾の先端を切り落とし、水分をしごき出す。

2 フライパンにサラダ油を中火で熱し、えびを入れる。両面を香ばしく焼いたら、アジア風ドレッシングを回しかけてざっと炒める。

3 器に盛り、レモンを添え、搾りかける。

レモンのスープ

果汁　スライス

鶏ひき肉とセロリのレモンスープ

セロリとレモンの清涼感でさっぱりとした、夏の暑い日にも食べたいスープ。
レモンのスライスをトッピングして、香りをプラス。

材料 2人分

セロリ…1本
セロリの葉…10枚
A 鶏ひき肉…100g
　しょうが(せん切り)…1かけ
　ローリエ…1枚
　レモン果汁…大さじ1(約1/2個分)
　塩…小さじ2/3
レモン(スライス)…2枚

作り方

1 セロリは3㎜厚さの斜め切りに、セロリの葉は細切りにする。

2 鍋に水500㎖とAを入れて中火で熱し、煮立ったらアクを取り、**1**を加えて弱火で3分ほど煮る。

3 器に盛り、レモンのスライスをのせる。

果汁　スライス

豆乳レモンスープ

台湾の朝ごはんの定番、鹹豆漿《シエントウジャン》は、温めた豆乳に酢を入れて
おぼろ豆腐のようにかためたスープ。酢の代わりにレモンで作るとやさしい味に。

材料 2人分

無調整豆乳 … 400㎖
昆布 … 3㎝四方
A レモン果汁 … 大さじ1（約1/2個分）
　砂糖 … 小さじ1/4
　薄口しょうゆ（またはしょうゆ）
　　… 小さじ2
　塩 … ふたつまみ
干しえび … 大さじ1
パクチー（好みで）… 適量
レモン（スライス。好みで）… 2枚
ラー油（好みで）… 適量

作り方

1　無調整豆乳に昆布を30分ほどつけておく。

2　Aの材料を混ぜ合わせ、2等分にして器に分ける。

3　**1**の無調整豆乳を火にかけ、鍋肌がふつふつしてきたら、**2**にそっと分け入れる。

4　干しえびを散らし、パクチー、レモンのスライスを添え、ラー油をかける。

果汁

トマトの酸辣湯《サンラータン》

酸っぱくて辛い、中華料理で人気のスープ。
トマトとレモン汁でフレッシュな味わいに。子どもでも食べやすく仕上げました。

材料 2人分

トマト … 1/2個
絹ごし豆腐 … 1/2丁
卵 … 1個
干ししいたけ … 2〜3個（13g）
A 鶏がらスープの素（顆粒）… 小さじ1
　酒 … 小さじ2
　しょうゆ … 小さじ1
　塩 … 小さじ1/2
B 片栗粉 … 小さじ2
　水 … 大さじ1
C レモン果汁 … 大さじ1（約1/2個分）
　ごま油 … 小さじ1
　粗びき黒こしょう … 適量
ラー油 … 適量

作り方

1 干ししいたけは100mℓの水につけて1時間ほどもどし、薄切りにする。もどし汁は水を足して400mℓにする。

2 トマト、豆腐は1cm角に切る。卵は溶きほぐす。

3 鍋に**1**の干ししいたけともどし汁、Aを入れて中火で熱し、煮立ったら**2**のトマト、豆腐を入れ、弱火で3分ほど煮る。Bを混ぜてから加え、ひと煮立ちさせてとろみをつける。

4 溶き卵を流し入れ、Cを加えてさっと煮る。器に盛り、ラー油をかける。

スライス

とろろ昆布とレモンの即席汁

とろろ昆布をだしにした、繊細な味のすまし汁にレモンを浮かべて。
皮の香りとほのかな酸味で、するするとのどに入ります。

材料 2人分

とろろ昆布 … 8g
しょうゆ … 小さじ2
塩 … ふたつまみ
細ねぎ … 2本
レモン（スライス）… 2枚

作り方

1 細ねぎは小口切りにする。
2 器にとろろ昆布、しょうゆ、塩を等分に入れ、沸騰した湯360㎖を等分に注ぐ。
3 細ねぎを散らし、レモンのスライスをのせる。

果汁

レモンとすいかのガスパチョ

トマトを使ったスペインの冷製スープをイメージしました。
まるでデザートのような味わい。レモンでキリッと引き締めます。

材料 2人分

トマト … 2個
すいか … 200g
レモン果汁 … 大さじ1（約1/2個分）
バジルの葉 … 3～4枚
塩 … ふたつまみ
オリーブオイル … 適量
粗びき黒こしょう … 適量

作り方

1 トマトは適当な大きさに切る。すいかは適当な大きさに切り、種を取る。

2 **1**とレモン果汁、バジルの葉、塩をブレンダー（またはミキサー）でなめらかになるまで混ぜ合わせる。味をみて塩（分量外）で味を調える。

3 器に盛り、オリーブオイルを回しかけ、黒こしょうをふる。

レモンのおかず

果汁　皮

スパイスレモンから揚げ

にんにく、唐辛子、花椒《ホワジャオ》、レモンを、から揚げにざっと絡めた豪快な料理。
パンチのある味わいで、ビールが飲みたくなります。

材料 2人分

- 鶏もも肉 … 1枚
- A 塩 … ひとつまみ
  - 砂糖 … ひとつまみ
  - 水 … 大さじ2
- レモン … 1/2個
- 片栗粉 … 適量
- 揚げ油 … 適量
- サラダ油 … 大さじ2
- 赤唐辛子（ヘタと種を除く）… 3本
- にんにく（みじん切り）… 1かけ
- 花椒（好みで）… 小さじ1
- 砂糖 … 小さじ1
- 塩、こしょう … 各適量
- ミントの葉（またはバジル、オレガノ。好みで）… 適量

作り方

1 鶏肉は余分な脂を取り、大きめの一口大に切る。Aをもみ込み、15分ほどおいて下味をつける。レモンは4等分に切る。

2 鶏肉に片栗粉をまぶし、高温（180度）に熱した揚げ油でカラッとするまで揚げる。

3 フライパンにサラダ油と赤唐辛子、にんにく、花椒を入れて弱火で熱し、香りが立ったら**2**を加えて混ぜる。レモンを搾り入れ（a）、搾った後の皮、砂糖、塩、こしょう、ミントの葉を加えて軽く混ぜ合わせる（b）。

a

b

スライス

豚かたまり肉の はちみつレモンロースト

レモンのスライスを豚肉にはさむことで、レモンの風味をしみ込ませます。
豚肉はカットして焼くので、短い時間で焼き上がるのもうれしい。

材料 作りやすい分量

豚かたまり肉（バラ、肩ロースなど）
…500g
レモン…1個
じゃがいも…2個
にんにく（つぶす）…2かけ
ローズマリー…2本
A はちみつ…大さじ2
オリーブオイル…大さじ2
塩…小さじ2
粗びき黒こしょう…少々

作り方

1 豚肉は2㎝厚さに切る。レモンは豚肉と同じ枚数分スライスする。

2 オーブンシートの上に豚肉をのせ、Aをまんべんなくまぶし、豚肉の間にレモンのスライスをはさみ、にんにく、ローズマリーを上にのせる（a）。ラップをかけて冷蔵庫で1時間〜一晩おく。

3 冷蔵庫から出して30分おき、常温にもどす。オーブンを200度に予熱する。

4 じゃがいもは皮をむいて一口大に切る。天板に**2**をのせ、じゃがいもにAのたれを絡めて並べ、こんがりするまで200度のオーブンで20分ほど焼く。

a

スライス

鯛のオイスターレモン蒸し

電子レンジを使うと、白身魚がふっくらと蒸し上がるのでおすすめ。
レモンスライスをのせて蒸すことで、魚の臭み消しにもなります。

材料 2人分

鯛（切り身）… 2切れ
塩 … 適量
長ねぎ … 1本
しょうが … 1かけ
青じそ … 5枚
レモン（スライス）… 4枚
酒 … 大さじ2
A しょうゆ … 小さじ2
└ オイスターソース … 小さじ2
ごま油 … 大さじ2

作り方

1 鯛は塩を全体に軽くふって10分ほどおき、出てきた水分をペーパータオルで拭く。長ねぎの白い部分は5㎝長さに切り、縦に切り目を入れて芯を取り除いて縦に細切りにし、水にさらして白髪ねぎにする。しょうが、青じそはせん切りにする。

2 耐熱容器に長ねぎの青い部分を敷き、鯛を並べる。酒をふりかけ、レモンのスライスを2枚ずつのせ、ふんわりとラップをかける。電子レンジで3分ほど加熱する。

3 白髪ねぎとしょうが、青じそをふんわりと混ぜ合わせて鯛の上にのせ、混ぜ合わせたAを等分にかける。

4 小さいフライパンにごま油を熱し、煙が出たら**3**の上に等分にかける。

いちょう切り

牛肉とミニトマトの レモンじょうゆ炒め

赤や黄色など食材の色が鮮やかな、食欲をかきたてるおかず。
炒めたレモンは見た目のアクセントですが、お好みで食べても。

材料 2人分

牛肉（しゃぶしゃぶ用）… 200g
ミニトマト … 1パック
レモン … 1/4個
にんにく（つぶす）… 1〜2かけ
オリーブオイル … 大さじ2
塩、こしょう … 各適量
しょうゆ … 小さじ1
ドライハーブ（オレガノまたはバジル。好みで）… 小さじ1

作り方

1 ミニトマトは包丁の先で軽く切り込みを入れる。レモンはいちょう切りにする。

2 フライパンにオリーブオイル、にんにくを入れて弱火にかける。香りが立ったら牛肉、ミニトマトを加え、塩、こしょうをふり、強めの中火で炒める。

3 牛肉の色が変わったら、レモン、しょうゆ、ドライハーブを加え、さっと炒める。

果汁

ゆで豚のパクチーレモンソース

ナンプラーとレモンは相性がよく、東南アジア料理には欠かせません。
追加でレモンを搾りかけてもよいでしょう。

材料　2人分

豚こま切れ肉…200g
パクチー…1〜2株
紫玉ねぎ…1/2個
しょうが（スライス。あれば）…1かけ
A にんにく（すりおろす）…1/2かけ
　レモン果汁…大さじ2（約1個分）
　砂糖…大さじ1と1/2
　ナンプラー…大さじ1

作り方

1　パクチーはソース用に茎の部分をみじん切りにし、葉はざく切りにする。紫玉ねぎは繊維に沿って薄切りにする。

2　鍋にたっぷりの水としょうがを入れて火にかける。しょうががなければ酒少々（材料外）を入れる。沸騰したら豚肉を1枚ずつさっとゆで、ペーパータオルで水気を拭き取る。

3　Aを混ぜ合わせ、パクチーを加えて混ぜる。

4　ボウルに**2**の豚肉、紫玉ねぎを入れてふんわりと混ぜ合わせ、器に盛る。**3**のソースをかける。

果汁

まぐろのステーキ わさびレモンだれ

刺身用のまぐろをレアに焼いた贅沢なステーキ。
和の香味野菜やしょうゆベースの和風だれにも、レモンはよく合います。

材料 2人分

まぐろ（刺身用）… 1さく（200g）
みょうが … 2個
細ねぎ … 3本
青じそ … 5枚
にんにく（スライス）… 1かけ
A おろしわさび … 小さじ2
　レモン果汁 … 大さじ1（約1/2個分）
　オリーブオイル … 大さじ1
　しょうゆ … 大さじ1と1/2
薄力粉 … 適量
オリーブオイル … 大さじ2

作り方

1 みょうがは縦半分に切ってせん切りにし、10分ほど水にさらしてしっかり水気をきる。細ねぎは小口切りに、青じそはせん切りにする。これらをふんわりと混ぜ合わせておく。

2 Aの材料をよく混ぜ合わせる。

3 まぐろの全面に薄力粉を押さえつけるようにしてしっかりつける。

4 フライパンにオリーブオイル、にんにくを入れて弱火にかける。香りが立ったら**3**を入れて強火にし、全体の表面をさっと焼きつける。

5 1.5cm厚さに切って器に盛り、**1**の香味野菜をのせ、**2**のたれをかける。

果汁　みじん切り

鶏むね肉のレモン油淋鶏《ユーリンチー》

たれにみじん切りのレモンも加えることで、レモンの食感や皮の香りもしっかり感じられます。揚げものなのにさっぱり！

材料 2人分

鶏むね肉…1枚
A 酒…大さじ1
　塩…小さじ1/4
　砂糖…小さじ1/4
きゅうり…2本
B レモン…1個
　長ねぎ…1/2本
　しょうが…1かけ
　にんにく…1かけ
　しょうゆ…大さじ2
　砂糖…大さじ2
　ごま油…小さじ2
片栗粉…適量
揚げ油…適量

作り方

1 鶏肉は観音開きにして厚みを均等にし、Aをまぶして15分ほどおく。

2 Bのレモンは1/4個をみじん切りにする。残りは果汁を搾り、大さじ2を用意する。長ねぎ、しょうが、にんにくはみじん切りにする。その他のBの材料と混ぜ合わせる。

3 きゅうりは細いせん切りにする。

4 **1**の鶏肉に片栗粉をまぶし、中温（170度）に熱した揚げ油で中までじっくり揚げる。

5 器に**3**のきゅうりを盛り、**4**の鶏肉をのせ、**2**のたれをかける。

果汁　皮

たらとかぶのレモングラタン

レモン果汁と皮のすりおろしが両方入った、香り豊かでさっぱりとしたグラタン。
濃厚なグラタンとはまた違った新しいおいしさです。

材料　作りやすい分量

生たら（切り身）… 2切れ
塩 … 適量
かぶ … 2～3個
レモン … 1/2個
オリーブオイル … 大さじ2
白ワイン（または酒）… 大さじ2
バター（食塩不使用）… 40g
薄力粉 … 40g
牛乳 … 450mℓ
こしょう … 適量
ディルの葉（みじん切り）… 適量
ピザ用チーズ … 適量

作り方

1　たらは塩を全体に軽くふって10分ほどおき、出てきた水分をペーパータオルで拭く。皮と骨を取り除き、3等分に切る。かぶは皮をむき、3㎝幅のくし形切りにする。レモンは皮をすりおろし、残りは果汁を搾る。オーブンを250度に予熱しておく。

2　フライパンにオリーブオイル、かぶを入れ、塩少々をふって中火にかける。両面に焼き色がついたら端に寄せ、たらを並べて両面を焼く。白ワインを加え、水分を煮詰める。

3　ホワイトソースを作る。別のフライパンにバターを入れて中火で熱し、バターが溶けたら火からおろして薄力粉を加える。ゴムべらでなめらかになるまで混ぜ、再度火にかけて弱火で2分ほど混ぜる。温めた牛乳を3回に分けて加え、その都度混ぜる。

4　塩小さじ1/2、こしょう、レモンの皮と果汁、ディルを加えて混ぜる。ふつふつと煮立ったら火を止める。

5　耐熱皿に**2**を並べ、**4**を流し入れ、チーズを散らす。250度のオーブンで10分ほど、焼き色がつくまで焼く。

皮　スライス

鶏団子のレモン鍋

鶏団子と油揚げのだしで、さっぱりとした軽めの鍋仕立てに。
レモンスライスを並べた、見た目の清涼感もそそられます。

材料　作りやすい分量

レタス…1/2個
油揚げ…2枚
レモン…1個
A 鶏ひき肉…300g
　玉ねぎ…50g
　れんこん…40g
　ごま油…大さじ1
　片栗粉…大さじ1
B にんにく（すりおろす）…1〜2かけ
　酒…大さじ4
　みりん…大さじ1
　塩…小さじ1と1/2
　しょうゆ…小さじ1
ごま油…小さじ2

作り方

1　レタスの葉は芯から外して洗い、大きければ半分にちぎる。油揚げは熱湯をかけて油抜きをし、1.5㎝幅に切る。レモンは半分をスライスし、残りは皮をすりおろす。Aの玉ねぎ、れんこんはみじん切りにする。

2　鍋に水1.2ℓとBを入れて強火にかけ、沸騰したら弱火にする。

3　ボウルにAの材料とレモンの皮のすりおろしを入れて手でよく混ぜる。**2**の鍋に一口大に丸めて落とし入れ、アクを取る。

4　鶏団子に火が通ったら、レタス、油揚げを入れてさっと煮て、レモンのスライスを並べる。長時間煮ると苦みが出るので、苦みが出る前にレモンを引き上げ、ごま油をたらす。

※鶏団子はレモンの皮のすりおろしの代わりに、塩レモン（p.104）のみじん切りで作ってもおいしい。その場合、塩の分量は調整すること。

果汁

あさりと菜の花のレモン蒸し

菜の花の代わりにブロッコリーや青菜など、お好きな野菜でアレンジして。

材料 2人分

あさり（砂抜き済みのもの）
　…1パック（250～280g）
菜の花 …1束
レモン …1/4個
にんにく（つぶす）…1～2かけ
ミニトマト …10個
塩 … 小さじ1/4
白ワイン …100mℓ
オリーブオイル（エクストラバージン）
　… 大さじ2

作り方

1　菜の花は下部を切り落とし、30分ほど水につけてシャキッとさせる。レモンは半分に切る。あさりは殻をこすり合わせて洗う。

2　フライパンにあさり、菜の花、にんにく、ミニトマトをまんべんなく広げ入れ、塩を全体にふる。白ワイン、水100mℓを回し入れて強火にかける。

3　沸騰したら、蓋をして弱火で4～5分煮る。あさりの口が開いたらオリーブオイルを回しかける。器に盛り、レモンを搾りかける。

果汁　いちょう切り

厚揚げのレモン南蛮漬け

通常の南蛮漬けよりあっさりして、セロリとレモンの香りがきいています。

材料　2人分

厚揚げ … 1枚（350g）
玉ねぎ … 1/2個
セロリ … 1本
セロリの葉 … 3枚分
レモン … 1個
酢 … 適量
A　だし汁 … 180mℓ
　しょうゆ … 大さじ2
　みりん … 大さじ2
　砂糖 … 大さじ1
　塩 … ひとつまみ
サラダ油 … 小さじ2

作り方

1　厚揚げは一口大に切る。玉ねぎ、セロリは薄切りにする。セロリの葉はせん切りにする。レモンは半分に切り、半分は果汁を搾り、残り半分はいちょう切りにする。レモン果汁に酢を足して大さじ3を用意する。

2　フライパンにA、**1**のレモン果汁と酢を入れて中火で熱し、砂糖が完全に溶けたら保存容器に移す。

3　フライパンの水気を拭いてサラダ油を中火で熱し、厚揚げを入れる。両面がカリッとするまで焼き、**2**に加える。

4　**3**のフライパンに玉ねぎ、セロリ、いちょう切りのレモン、塩ひとつまみ（分量外）を入れて炒める。玉ねぎが透き通ったら**2**に加え、セロリの葉も加える。味がなじむまで30分以上おく。

作りおきおかず

保存：冷蔵で3日ほど

果汁　皮

レモンとクミンのコールスロー

塩もみしたキャベツに熱したオリーブオイルを回しかけると、キャベツにほどよく火が通って食べやすくなります。

材料　作りやすい分量

キャベツ … 1/4個（300g）
塩 … 小さじ1/3
レモン … 1/2個
オリーブオイル … 大さじ2
クミンシード … 小さじ1

作り方

1 キャベツはせん切りにしてボウルに入れ、塩をふってもみ、15分ほどおいて水気を絞る。レモンは4等分に切る。

2 小さいフライパンにオリーブオイル、クミンシードを入れて弱火にかける。香りが立ったら**1**のキャベツに回しかける。

3 レモンを搾り入れ、搾った後の皮も入れてざっくりと混ぜる。15分ほどおいて味をなじませる。

保存：冷蔵で3日ほど

果汁

ひじきとにんじんのレモンマリネ

材料を入れて電子レンジにかけるだけ。ひじきとにんじんの食感は残り、味はよくしみ込んだサラダのような常備菜です。

材料　作りやすい分量

ひじき（乾燥）… 15g
にんじん … 1/2本（100g）
A レモン果汁 … 大さじ3（約1個半分）
　しょうゆ … 大さじ1
　はちみつ … 大さじ1と1/2
　オリーブオイル … 大さじ2
　こしょう … 適量
アーモンド（好みで）… 適量

作り方

1 ひじきはたっぷりの水に10分ほどつけてもどす。にんじんはせん切りにする。

2 耐熱容器にAを混ぜ合わせ、**1**を加えて軽くあえる。ふんわりラップをかけて電子レンジで3分ほど加熱する。

3 刻んだアーモンドを加えて混ぜる。

保存：冷蔵で5日ほど

いちょう切り

きゅうりとかぶのレモン浅漬け

箸休めとしてあるとうれしい塩もみ野菜。レモンを加えるとよりさわやかな味わいに。漬けものは2%の塩と覚えておくと便利。

材料 作りやすい分量

きゅうり…2本
かぶ…2個
レモン…1/2個
塩…野菜の総重量の2%
昆布…4cm四方
赤唐辛子（種を取る）…1/2本

作り方

1 きゅうりは5mm厚さの斜め切りにする。かぶは皮をむいて5mm厚さのいちょう切りに、レモンは3mm厚さのいちょう切りにする。

2 **1**の野菜とその他の材料をポリ袋に入れてもみ込み、冷蔵庫で半日おく。

保存：冷蔵で1週間ほど

果汁　スライス

セロリとうずら卵のレモンピクルス

ピクルス液にレモン果汁を加えるほか、スライスのレモンも一緒に漬けたピクルス。白ワインのおともにぴったり。

材料 作りやすい分量

セロリ…1本
うずらの卵（水煮）…1パック
レモン…1個
A 酢…200mℓ
　水…100mℓ
　白ワイン…100mℓ
　砂糖…大さじ4
　塩…小さじ1/3
　ローリエ…1枚
　クローブ…5個

作り方

1 レモンは半分に切り、半分はスライスし、残り半分は果汁を搾る。セロリは筋を取り、1.5cm厚さの斜め切りにする。

2 鍋にAを入れて中火で熱し、煮立ったら弱火にして1分ほど煮る。砂糖が完全に溶けたらレモン果汁を加えて保存容器に移し、レモンのスライス、セロリ、うずらの卵を加えて冷ます。

レモンのごはんと麺

果汁　皮

レモンリゾット

実はお米を炊くよりも短時間で作れるリゾット。
レモンの風味を存分に楽しむため、具は入れずシンプルにしました。

材料　2人分

米 …1合
玉ねぎ…1/2個
にんにく…1かけ
レモン …1/2個
洋風スープの素（固形）…1/2個
オリーブオイル … 大さじ1
白ワイン … 50mℓ
バター（食塩不使用）…15g
塩 … ふたつまみ
パルミジャーノチーズ… 適量

作り方

1　玉ねぎ、にんにくはみじん切りにする。

2　小鍋に水700mℓとスープの素を入れて中火にかけ、スープの素を溶かす。

3　フライパンにオリーブオイル、にんにくを入れて弱火にかける。香りが立ったら玉ねぎと塩を加えて透明感が出るまで炒める。

4　焦げつきそうならオリーブオイル少々（分量外）を足し、米を洗わずに入れて炒める。全体に油が回ったら白ワインを加え、水分がなくなるまで煮詰める。

5　**2**のスープの半量を入れ、時々大きくかき混ぜながら弱めの中火で煮る。水分がほぼなくなったら残りのスープを入れ、さらに15分煮る。

6　食べてみて少し芯が残るくらいになったらレモンを搾り入れ、バターを落としてさらに混ぜる。

7　器に盛り、レモンの皮とパルミジャーノチーズをたっぷりとすりおろしてかける。

※レモンの果汁と皮の代わりに塩レモン（p.104）のみじん切りで作ってもおいしい。その場合、塩の分量は調整すること。

果汁　皮

帆立のレモンクリームパスタ

クリームソースにレモン果汁を加えると、濃厚でいてなんとも
さわやかなパスタに。具は淡泊な魚介類がよく合います。

材料 2人分

スパゲッティ … 180g
帆立（刺身用）… 6個
レモン … 1/2個
塩 … 適量
生クリーム … 200㎖
白ワイン … 大さじ2
パルミジャーノチーズ … 適量

作り方

1 帆立は厚みを半分に切る。

2 鍋に2ℓの湯を沸かし、塩15gを入れてスパゲッティをゆでる。

3 フライパンに生クリーム、白ワイン、塩小さじ1/2を入れて中火にかける。ややとろみがついたら帆立を加えて軽く合わせ、レモンを搾り入れて混ぜる。

4 スパゲッティをざるに上げ、**3**のフライパンに加えてあえる。パルミジャーノチーズも加えてあえる。

5 器に盛り、レモンの皮をすりおろしてかける。

※レモンの果汁と皮の代わりに塩レモン（p.104）のみじん切りで作ってもおいしい。その場合、塩の分量は調整すること。

果汁　皮

レモンと鯛のちらしずし

酢の代わりにレモンで作るちらしずし。鯛のレモン昆布締めも合わせて、
レモンの果汁と皮をまるごと2個分使います。

材料 作りやすい分量

米 … 2合
鯛(刺身用) … 1さく
昆布 … 10×15㎝四方2枚
(鯛の長さに合わせる)
レモン … 2個
きゅうり … 2本(200g)
砂糖 … 大さじ1と1/2
塩 … 小さじ1
酒 … 大さじ2
白炒りごま … 大さじ1

作り方

1 鯛のレモン昆布締めを作る。昆布は酢少々(材料外)を含ませたペーパータオルで拭いておく。ラップを長めに敷き、昆布1枚を置き、鯛をのせる。レモン1/2個分の皮を全体にすりおろし、もう1枚の昆布をのせてラップで包み、冷蔵庫で半日〜1日おく。

2 レモン2個分の果汁を搾り(皮は取っておく)、砂糖、塩と合わせて混ぜ、レモンすし酢を作る。米は酒と水330mℓで炊く。

3 きゅうりは薄い輪切りにし、塩少々(分量外)をふってもみ、しばらくおいてからしっかり水気を絞る。

4 炊いたごはんを盤台かボウルに移し、**2**のレモンすし酢を回しかけ、しゃもじで切るように混ぜる。ごはんを広げ、うちわであおぎながら冷ます。

5 **4**のごはんに**3**のきゅうり、白ごまを加え、レモン1個半分の皮をすりおろし(a)、やさしく混ぜる。

6 器に酢めしを盛り、鯛のレモン昆布締めを薄く切って並べる。好みでくし形切りのレモン(分量外)を添えて搾りかけてもよい。

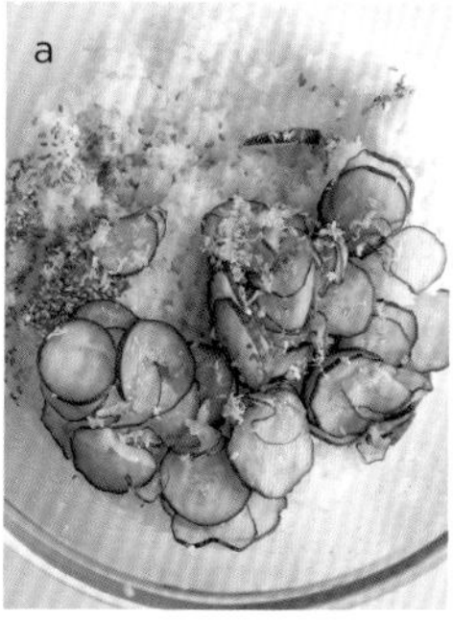
a

スライス　果汁　皮

レモンカレーとレモンライス

レモン果汁と皮のすりおろしを加えて炒めたインドのレモンライス。
これと、クリーミーでさらっとしたレモンカレーが最高の組み合わせ！

材料

レモンカレー（2人分）

鶏手羽元 … 6本
玉ねぎ … 1個
レモン … 1/2個
にんにく（すりおろす）… 1かけ
しょうが（すりおろす）… 1かけ
サラダ油 … 適量
塩、こしょう … 各適量
カレー粉 … 大さじ1と1/2
野菜スープの素（固形）… 1個
生クリーム … 200mℓ

レモンライス（2人分）

冷やごはん … 350g
レモン … 1/2個
にんにく（みじん切り）… 1かけ
しょうが（みじん切り）… 1/2かけ
マスタードシード … 小さじ1
ターメリック … 小さじ1/2
サラダ油 … 大さじ2
塩 … 小さじ1/2

作り方

1 レモンカレーを作る。玉ねぎは薄切りに、レモンはスライスする。

2 鍋にサラダ油大さじ1と鶏肉を入れて中火にかけ、全体に焼き色がついたら取り出す。サラダ油少々を足し、玉ねぎ、にんにく、しょうが、塩小さじ1/2を加えてしんなりするまで炒め、鶏肉を戻し、カレー粉を加えて炒める。

3 水300mℓ、スープの素、こしょうを加え、沸騰したら弱火にして20分ほど煮込み、鶏肉がやわらかくなったら生クリーム、レモンスライスを加え（a）、弱火で2〜3分煮る。塩、こしょうで味を調える。

4 レモンライスを作る。フライパンにサラダ油、にんにく、しょうが、マスタードシードを入れて弱火にかける。香りが立ったらターメリック、塩を加えて混ぜ、ごはんを加えて炒める。

5 レモンを搾り入れ、レモンの皮をすりおろし（b）、よく混ぜる。

6 器に**5**のごはんを盛り、**3**のカレーをかける。

果汁

オイルサーディンのパエリア

オイルサーディンとあさりで、魚介のうまみたっぷりのパエリアが作れます。
熱々のごはんをよそって、レモンをギュッと搾りかけて。

材料　3～4人分

米…1.5合
オイルサーディン…1缶（100g）
あさり（砂抜き済みのもの）
…1パック（250～280g）
玉ねぎ…1/2個
にんにく…1かけ
ミニトマト…10個
まいたけ…1パック
レモン…1個
塩、こしょう…各適量
ローリエ…1枚
オリーブオイル…大さじ3
白ワイン…50㎖
パセリ（みじん切り）…適量

作り方

1 あさりは殻をこすり合わせて洗う。玉ねぎ、にんにくはみじん切りにする。ミニトマトは半分に切る。まいたけは石づきを取り、手でほぐす。レモンは半分に切り、半分は果汁を搾って大さじ2を用意する。残り半分は4等分に切る。

2 小鍋に水450㎖とレモン果汁、塩小さじ2/3、こしょう、ローリエを入れて火にかけ、沸騰させる。

3 フライパンにオリーブオイル大さじ2、玉ねぎ、にんにく、塩ひとつまみを入れ、玉ねぎが透き通るまでじっくり炒める。ミニトマトとオイルサーディンの半量、まいたけを加えて炒める。

4 オリーブオイル大さじ1を足して米を加え、透明感が出るまで中火でこがさないように炒める。

5 白ワインを加えて強火にし、水分がほぼなくなったら**2**を注ぎ入れ、ひと混ぜして表面をならす。時々混ぜながら、中火～強火で5分ほど炊く。

6 水分がほぼなくなったら（a）、あさりと残りのオイルサーディンをのせ、蓋をして弱火で10分ほど炊き、火を止めて10分蒸らす。

7 蓋を取り、強火で1分ほど加熱して余分な水分を飛ばし、おこげを作る。パセリをたっぷり散らし、レモンを添えて搾りかける。

a

果汁　肉みそと香味野菜のあえ麺

甘辛い肉みそを絡めて食べるアジアの麺料理。台湾風がお好きな方は
五香紛《ウーシャンフェン》を加えるのもおすすめ。麺は太いほうが絡みやすいです。

材料 2人分

中華麺 … 2玉
豚ひき肉 … 200g
玉ねぎ … 1/2個
にんにく … 1かけ
しょうが … 1かけ
レモン … 1/2個
セロリの葉 … 1本分
パクチーの葉 … 適量
ごま油 … 小さじ4
A みそ … 大さじ3
砂糖 … 大さじ2
酒 … 大さじ2
水 … 100mℓ
鶏ガラスープの素 … 小さじ1
豆板醤《トウバンジャン》（好みで）… 小さじ1/2

作り方

1 玉ねぎ、にんにく、しょうがはみじん切りにする。レモンは4等分に切り、2個は果汁を搾る。セロリの葉はせん切りに、パクチーの葉はざく切りにしてふんわりと合わせておく。

2 フライパンにごま油小さじ2、にんにく、しょうがを入れて弱火にかけ、香りが立ったら玉ねぎを加えて炒める。

3 玉ねぎが透き通ってきたらひき肉を加えてさらに炒める。Aを加えて混ぜ、汁気がなくなるまで煮詰める。

4 たっぷりの湯に、果汁を搾った後のレモンの皮を入れ、麺を入れてゆでる(a)。皮を入れてゆでることで香りが移る。ざるに上げて水気をきり、ごま油小さじ2、レモン果汁を絡める。

5 器に麺を等分に盛り、**3**の肉みそ、**1**のセロリとパクチーをのせ、レモンを添えて搾りかける。

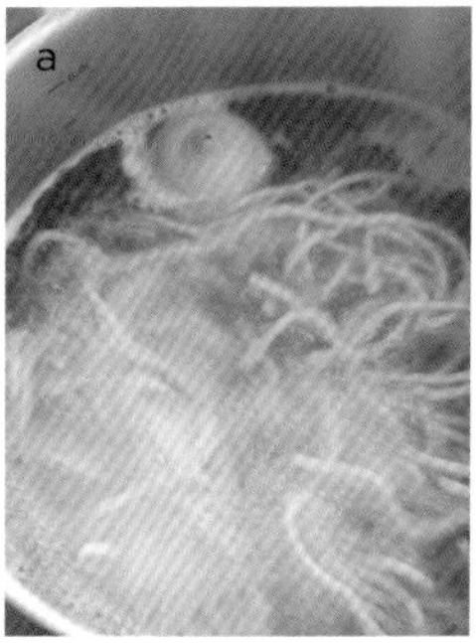

スライス

レモンにゅう麺

温かいだしにレモンをのせると、ほのかにレモンの酸味と
香りがただよいます。心も体もほっとする味わい。

材料 2人分

そうめん … 3束
レモン … 1/2個
A だし汁 … 800ml
　しょうゆ … 大さじ2
　みりん … 大さじ1と1/2
　塩 … ふたつまみ

作り方

1 レモンはスライスする。

2 たっぷりの湯を沸かし、そうめんをゆでる。ざるに上げて流水で締め、水気をきる。

3 小鍋にAを入れて火にかけ、沸騰させる。

4 器に**2**のそうめんを等分に盛り、**3**をかけ、レモンのスライスをのせる。

世界のレモン料理

　インドから中東、南ヨーロッパ、さらに世界へと広がったレモン。世界中で愛された果実だけに、各国にレモンを使った名物料理があります。原産地インドの料理で、日本でも今注目されているのが「レモンライス」ⓐ。炒めたターメリックごはんにレモン汁と皮のすりおろしを加えたもので、カレーと一緒に食べることも。世界で愛されているレモンのドリンクといえば「レモネード」ⓑ。これはアメリカでよく飲まれていますが、起源はエジプトともいわれています。ちなみに、世界的に超有名な炭酸飲料「コーラ」にもレモンの精油が入っており、最近では「クラフトコーラ」ⓒとして手作りされることも増えました。

　ヨーロッパの中で特に重宝されたイタリアにも、レモン料理が豊富。レモンのお酒「リモンチェッロ」ⓓ、レモンのソルベ「リモーネグラニータ」ⓔ、料理だと「レモンリゾット」ⓕ、「レモンパスタ」ⓖなど、レモン使いの上級者です。

　日本でも数年前に定着した「塩レモン」は、もともとはモロッコの「プリザーブド・レモン（またはシトロン・コンフィ）」ⓗのこと。レモンを塩漬けにした発酵食で、現地の定番料理、タジンやクスクスには欠かせない調味料です。本書でも上記のレシピを紹介していますので、ぜひ作ってみてください。

LEMON RICE
ⓐ→p.94

LEMONADE
ⓑ→p.30

CRAFT COLA
ⓒ→p.34

LIMONCELLO
ⓓ→p.32

LEMON RISOTTO
ⓕ→p.88

LEMON PASTA
ⓖ→p.90

LIMONE GRANITA
ⓔ→p.120

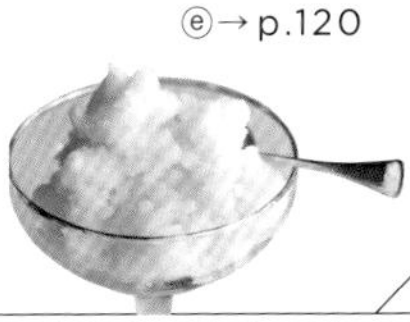

SALT LEMON
ⓗ→p.104

実験

Q

青色のハーブティーにレモン汁をたらすと、ピンク色に変化するのはなぜ？

A

写真のハーブティーは「マロウブルーティー」。きれいな青色はアントシアニンという色素によるものです。アントシアニンは酸性なら赤色（ピンク色）、アルカリ性なら青色と酸度によって変色する性質があり、レモン汁を加えると酸性に傾き、ピンク色になります。

レモンの保存食

保存：冷蔵で1年ほど

まるごと

塩レモン

レモンを塩漬けにして乳酸発酵させた、モロッコ発祥の保存食。調味料感覚で使え、洋風の煮込みに入れたり、みじん切りにしてサラダに混ぜたり、ごはんに混ぜてもおいしい。レモンはワタごと煮込むと苦みが出ますが、塩レモンだと苦みは出ないので使いやすいです。

材料 作りやすい分量

レモン…3～4個
塩（粗塩）…レモンの重量の18％

作り方

1 レモンは塩（分量外）でこすり洗いをして水気を拭き、ヘタを切り落として8等分に切る。

2 清潔な保存ビンにレモンと塩を交互に入れ、最後は塩で覆い、蓋をする。

3 冷暗所（常温）で2～3日おくと水分が出てくるので、水分に漬かるようにレモンを押す。

4 そのまま3週間～1か月ほどおいてでき上がり。その後は冷蔵庫で保存する。

※長期保存したい場合は塩分濃度を20％以上にする。

SALT LEMON SOUR

いつでも楽しめる塩レモンサワー

レモンサワーは、生のレモンを搾って皮ごと入れ、焼酎と炭酸水を注いだもの。生のレモンが手に入らないとき、塩レモンサワーはいかがでしょう？
氷を入れたジョッキに、3:7を目安に焼酎と炭酸水を注ぎ、塩レモンを1～2個落として混ぜます。塩気があるので、生レモンよりもパンチのある味に。マドラーで果肉をつぶすと、レモンの風味が増します。

鶏の塩レモン煮込み

鍋に材料を入れて煮るだけで、長時間煮込んだような複雑な味わいになります。スープはうまみがあるので、ぜひパンにつけて食べてみて。

材料 作りやすい分量

鶏もも肉 … 1〜2枚（300〜500g）
ミニトマト … 1パック（約10個）
塩レモン … 3かけ
にんにく（つぶす） … 1〜2かけ
オリーブオイル（エクストラバージン）
　… 大さじ2
白ワイン（または水） … 100mℓ
オレガノ（好みで） … 適量

作り方

1　鶏肉は1枚を3〜4等分に切る。ミニトマトは包丁の先で切り目を入れる。

2　オレガノ以外の材料を浅鍋かフライパンに入れ、強めの中火にかける。沸騰したら弱火にして15〜30分、蓋をして煮込む。途中で時々ひっくり返す。

3　仕上げにオレガノを散らす。

※パプリカを入れると南イタリア風に。きのこ、キャベツを入れてもおいしい。

モロッコ風サラダ

塩レモンは刻んでドレッシングに入れるのもおすすめ。スパイスを加えてあえれば、モロッコ風の味わいになります。

材料 作りやすい分量

ブロッコリー … 1/2個
きゅうり … 1本
トマト … 1個
アボカド … 1個
紫玉ねぎ … 1/4個
ブラックオリーブ … 10個
塩レモン … 3かけ
ドライいちじく … 5個
A オリーブオイル … 大さじ3
　チリパウダー … 小さじ1/2
　クミンパウダー … 小さじ1/2
　レモン果汁 … 大さじ1（約1/2個分）
パクチー（好みで）… 適量

作り方

1 ブロッコリーは小房に分けて塩ゆでし、1cm角に切る。きゅうり、トマト、アボカドも1cm角に切る。紫玉ねぎ、ブラックオリーブ、塩レモンはみじん切りにする。ドライいちじくは4等分に切る。

2 ボウルに塩レモンのみじん切りとAを混ぜ合わせ、その他の**1**も加えて混ぜる。

3 器に盛り、パクチーをのせる。

保存：冷暗所で1～2か月

皮

レモンオイル

レモンの皮の香りが移ったさわやかな風味のオイル。香りを生かしたいので、加熱せず生で使うのがおすすめです。

材料 作りやすい分量

レモンの皮…2個分
オリーブオイル（エクストラバージン）
…適量

作り方

1 レモンは塩（材料外）でこすり洗いをして水気を拭き、ピーラーなどで皮だけをむく。白いワタの部分が入ると苦みが出るので薄くむく。

2 清潔な保存ビンに**1**とオリーブオイルをひたひたになるまで入れ、冷暗所で2日～2週間漬け込む。その後は皮を取り除く。好みでタイムやローズマリー、赤唐辛子と一緒に漬け込んでもよい。

使い方

ゆでたスパゲッティにかけて混ぜると、シンプルなレモンオイルパスタが完成。葉ものに塩と黒こしょう、オイルをかけてシンプルなグリーンサラダに。白身魚や帆立のカルパッチョのオイルに使っても。

保存：冷蔵で1年ほど

皮

レモンこしょう

ゆずこしょうの「ゆず」をレモンの皮で作りました。青唐辛子の旬で、レモンが出始めの9～10月初旬に作っておくのがおすすめ。

材料 作りやすい分量

レモンの皮 … 6個分
青唐辛子 … 2パック(約40g)
塩 … レモンと青唐辛子の総重量の18～20%

※ブレンダーで作る場合は上記の量が必要だが、すり鉢で作る場合は少なくてもよい。

作り方

1 レモンは塩（材料外）でこすり洗いをして水気を拭き、ピーラーなどで皮だけをむく。白いワタの部分が入ると苦みが出るので薄くむく。

2 青唐辛子を縦に切り、種を取り除く。青唐辛子を扱うときはビニール手袋をすること。

3 フードプロセッサー（またはハンドブレンダー）に**1**、**2**、塩を入れてしっかりかくはんする。フードプロセッサーがなければすり鉢でする。

※すぐに食べられるが、1か月ほど寝かせると熟成して味に深みが出る。

使い方

焼きとり、焼き魚、ステーキ、おでん、湯豆腐、鍋料理、あえものなど、ふだんゆずこしょうを使う料理全般に。塩きんぴらや塩焼きそば、ペペロンチーノに入れるのもおすすめ。

保存：冷蔵で1か月ほど

まるごと

レモンとバニラのジャム

このレモンジャムは、種以外をすべてざく切りにして煮るので手間いらず。煮詰める前にしっかりアクを取るのがポイントです。バニラビーンズを入れると華やかでリッチな味わいになりますが、入れなくても作れますし、ローズマリーやタイム、カルダモンなどでも。

材料 作りやすい分量

レモン…5個
砂糖（またはグラニュー糖）
…レモンの重量の50%
バニラビーンズ…1/2本

作り方

1 レモンは塩（材料外）でこすり洗いをし、大きな鍋にたっぷりの水とともに入れて中火にかける。沸騰したら、ゆらゆらとした状態を保ち、弱火で2時間ほど煮る。

2 ボウルにたっぷりの水を張り、レモンを入れてさらに2時間つけてアクを抜く。

3 半分に切って種を取り除き（a）、ざく切りにして鍋に入れる。まな板に落ちた水分もすべて入れる。

4 **3**の鍋に砂糖、水100mℓを加えて中火にかけ、沸騰したらアクを取る。

5 バニラビーンズのさやを包丁の先で割り、種を出す。種とさやを加え、弱火で10分ほど煮て、全体にツヤが出てとろみがついたら完成（b）。清潔な保存ビンに入れる。

a

b

使い方 ヨーグルトやスコーン、パンにのせて食べるほか、p.124の手作りカッテージチーズにのせてもおいしい。甘み調味料として、鶏肉の照り焼きや豚肉のオーブン焼き、煮込みに使っても。

レモンのお菓子とパン

保存：冷暗所（夏場は冷蔵）で5日

果汁　皮

レモンケーキ

卵をしっかり泡立てること、コーンスターチを入れることで、ほろほろの軽い食感のレモンケーキになります。たっぷりのせたアイシングでレモンの酸味もしっかり。

材料 6個分

卵 … 1個
砂糖（またはグラニュー糖）… 35g
はちみつ … 5g
A 薄力粉 … 40g
└ コーンスターチ … 10g
レモン … 1個
バター（食塩不使用）… 30g
粉砂糖 … 60g

下準備

- 焼き型にバター（分量外。またはオイル）を塗り、薄力粉（分量外）をふるっておく。
- オーブンを180度に予熱しておく。

作り方

1 レモンは果汁を搾り、生地に入れる用10mℓとアイシング用10mℓを用意する。皮は1/3～1/2個分をすりおろす。バターは小鍋に入れて中火にかけて溶かしておく。

2 ボウルに卵を割り入れ、砂糖、はちみつを加え、湯煎にして泡立て器（またはハンドミキサーの高速）で混ぜる。白くもったりとし、角がおじぎするようになるまで（a）。

3 Aの粉類を合わせてふるい入れ、ゴムべらで切るように混ぜる（b）。

4 少し粉っぽさが残っているところで、レモン果汁10mℓ、レモンの皮、溶かしバターを入れ（c）、生地にツヤが出るまで切るように混ぜる。

5 型に均等に流し入れ（d）、軽く台に打ちつけて空気を抜き、180度のオーブンで12分ほど焼く。焼けたらすぐに台に落として空気を抜き、型から出して網にのせて冷ます。

6 粉砂糖にレモン果汁10mℓを加えてアイシングを作り（かたければレモン果汁で調整する）、冷めたケーキにスプーンでかける（e）。アイシングがかたまる前にレモンの皮をすりおろしてかける。

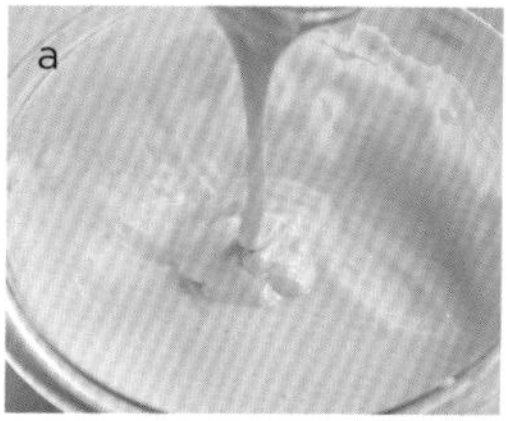
a

b

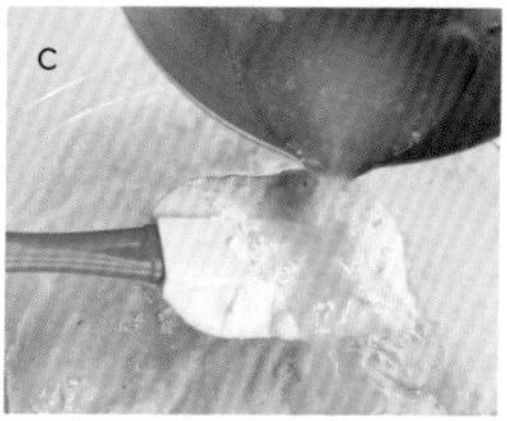
c

d

e

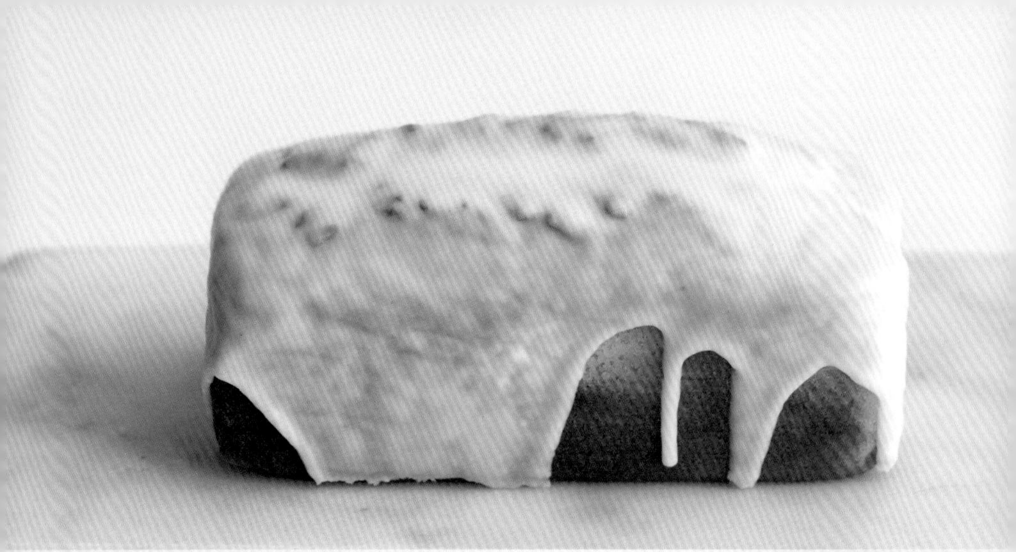

保存：常温で1週間ほど

果汁　皮

レモンのパウンドケーキ

しっとりときめ細かなパウンドケーキ。アイシングをかけると、乾燥を防いで長もちします。サワークリームは水気をしっかりきった水きりヨーグルトで代用できます。

材料 18×8×高さ8cmのパウンド型1台分

サワークリーム…60g
レモン…1〜2個(果汁45mℓ分)
卵…2個
塩…ふたつまみ
砂糖(またはグラニュー糖)…120g
A 薄力粉…130g
└ ベーキングパウダー…3g
バター(食塩不使用)…90g
粉砂糖…130g

下準備

- パウンド型にオーブンシートを敷いておく。
- オーブンを180度に予熱しておく。

作り方

1 サワークリーム、卵は常温にもどしておく。レモンは果汁を搾り、生地に入れる用25mℓ、アイシング用20mℓを用意する。皮は1個分をすりおろす。バターは小鍋に入れて中火にかけて溶かし、生地に入れる際に50度程度になるようにする。

2 ボウルにサワークリーム、レモン果汁25mℓ、レモンの皮を入れてゴムべらでよく混ぜる(a)。

3 別のボウルに卵、塩を入れ、泡立て器でこしを切る。砂糖を加えてすり混ぜ、砂糖を溶かす。

4 **3**に**2**を加え(b)、泡立て器でなじませる。Aの粉類を合わせてふるい入れ(c)、泡立て器で粉っぽさがなくなるまで混ぜる。

5 温めたバターを加え、ツヤが出るまで混ぜ合わせる(d)。ゴムべらで型に流し入れ、少し高いところから落として空気を抜く。

6 180度のオーブンで10分ほど焼き、中心に包丁で縦に浅く切り目を入れてさらに30分ほど焼く。

7 焼けたらすぐに台に落として空気を抜き、型から取り出して網にのせ、完全に冷ます。

8 粉砂糖にレモン果汁20mℓを混ぜてアイシングを作り(かたければレモン果汁で調整する)、冷めたケーキにかける。レモンの皮のすりおろしやピスタチオを散らしても。

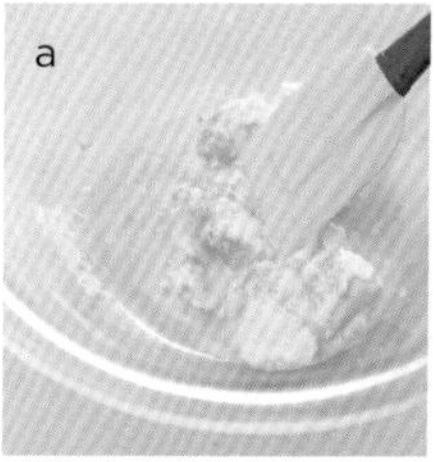

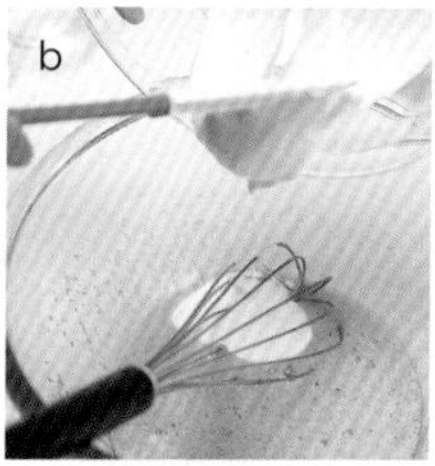

保存：冷蔵で3日ほど

果汁　皮

レモンプリン

ゼラチンでかためるタイプではなく、湯煎焼きしたゆるふわなプリン。
レモンを入れると分離しやすくなるので、ぎりぎりの配合を探りました。

材料 直径7㎝のカップ5個分

牛乳…230㎖
砂糖（またはグラニュー糖）…40g
全卵…3個
卵黄…1個分
レモン…1/2個

【レモンクリーム】
生クリーム…100㎖
レモン果汁…小さじ1
粉砂糖…小さじ2

下準備

・カップにバター（材料外）を塗っておく。
・オーブンは150度に予熱しておく。

作り方

1 レモンは果汁を搾って15㎖を用意する（レモンクリーム用は別）。皮は1/2個分をすりおろす。

2 小鍋に牛乳と砂糖の1/3量を入れて中火にかける。沸騰直前になったら火を止めて蓋をする。

3 ボウルに全卵と卵黄を割り入れて泡立て器で卵白のこしを切る。残りの砂糖を入れて静かに混ぜ合わせる。レモン果汁、レモンの皮を加えて混ぜる。空気が入ると気泡ができやすくなるので静かに行うこと。

4 **2**の牛乳を3回に分けて**3**に静かに加え、その都度混ぜる。ざるでこし、さらにもう一度こすと口当たりがなめらかになる。

5 **4**をカップに等分に入れ、ペーパータオルを2枚重ねたバットの上に置く。60度の湯を3㎝高さまで注ぎ入れ、天板にのせて150度のオーブンで25分ほど焼く。竹串を刺して卵液がくっついてこなければ焼き上がり。粗熱が取れたら冷蔵庫で半日以上冷やす。

6 レモンクリームの材料をハンドミキサーで混ぜて八分立てにする。**5**を型から出して器に盛り、クリームをのせる。

保存：冷蔵で3日ほど

果汁

レモンと カルダモンのゼリー

甘く清涼感のある香りのカルダモンをアクセントにしたクラッシュゼリー。好みでローズマリー、ミント、山椒でもよく、季節の果物や岩塩を添えてもおいしい。

材料 14×20㎝のバット1枚分

砂糖（またはグラニュー糖）… 30g
カルダモン … 2粒
レモン果汁 … 40㎖（約1個分）
粉ゼラチン … 5g

作り方

1 カルダモンは包丁でつぶす。鍋に水250㎖、グラニュー糖、カルダモンを入れて火にかける。沸騰したら蓋をして弱火にし、3分煮出して火を止める。レモン果汁を加え、ゼラチンも加えて10分おく。

2 ざるでこしてバットに移し、粗熱が取れたら冷蔵庫で冷やしかためる。

3 フォークで崩しながらグラスに盛る。好みでレモン（分量外）を搾りかける。

保存：冷蔵で3日ほど

果汁 皮 いちょう切り

レモン寒天
ジンジャーシロップ

さわやかな酸味のレモン寒天には、しょうがとレモングラスの清涼感がよく合います。シロップごと飲めるあっさりしたデザートです。

材料 15×13.5㎝の流し缶1個分

粉寒天 … 小さじ1と1/2（4.5g）
グラニュー糖 … 40g
レモン … 1個
A グラニュー糖 … 50g
　しょうが（スライス）… 2枚
　レモングラス … 4本

作り方

1 レモンは3/4個分の果汁を搾り、皮をすりおろす。残りはいちょう切りにする。

2 小鍋に粉寒天とグラニュー糖を混ぜ合わせる。水400㎖を加えて中火にかけ、沸騰したら弱火で2分煮る。レモン果汁、レモンの皮を加えて混ぜ、流し缶に入れて粗熱を取り、冷蔵庫で冷やしかためる。

3 ジンジャーシロップを作る。小鍋に水200㎖、A、いちょう切りのレモンを入れて中火にかけ、沸騰して砂糖が溶けたら火を止めて冷ます。

4 **2**の寒天を2㎝角に切って器に入れ、**3**のジンジャーシロップを注ぐ。

保存：冷凍で1か月ほど

果汁

レモンのソルベ

レモン果汁をたっぷり入れて、キリリと酸味をきかせたシャーベット。しょうがやミントを加えると清涼感が増します。

材料 14×20cmのバット1枚分

砂糖（またはグラニュー糖）… 70g

レモン果汁 … 100mℓ（約3個分）

牛乳 … 100mℓ

※レモンの皮のすりおろし（1個分）を入れてもよい。

作り方

1 水100mℓと砂糖を小鍋に入れて中火にかけ、砂糖を溶かす。

2 粗熱が取れたらレモン果汁と牛乳を入れ、泡立て器で混ぜる。あればレモンの皮のすりおろしも混ぜる。

3 バットに入れて冷凍庫で冷やし、1時間ごとにフォークでかき混ぜて空気を含ませる。これを5〜6回繰り返し、冷やしかためる。

4 かき混ぜてふんわりさせて器に盛る。

※冷凍庫で冷やした後、フォークでかき混ぜずにフードプロセッサーにかけるとなめらかな口当たりに。ゆるくなりすぎるようなら、再度凍らせる。

※しょうがやミントの香りをつける場合は、工程**1**で一緒に煮る。

保存：冷蔵で3日ほど

果汁　皮

レモンのグミ

むにゅむにゅっとした食感の後、口の中で溶けるようになくなります。自然なおいしさで、子どものおやつにもぴったりです。

材料　11×11㎝の角型1台分

砂糖（またはグラニュー糖）… 60g
レモン … 2個
粉ゼラチン … 20g

作り方

1　レモンは果汁を搾って75㎖を用意する。皮は1個分をすりおろす。

2　小鍋に水100㎖、砂糖を入れて中火にかける。砂糖が溶けたら火を止め、レモン果汁、レモンの皮、ゼラチンを入れて溶かす。60〜80度でゼラチンを入れること。

3　型に流し入れ、粗熱が取れたら冷蔵庫で冷やしかためる。好みのサイズに切り分ける。

保存：冷凍で1か月ほど

果汁　皮

レモンとマンゴーのアイスケーキ

ドライマンゴーをヨーグルトに浸すと、マンゴーはやわらかくなり、甘さがヨーグルトに移ります。ドライフルーツ、ナッツ、チョコレートの食感が楽しい一皿です。

材料　18×8×高さ8㎝のパウンド型1台分

生クリーム…200㎖
砂糖（またはグラニュー糖）…30g
ドライマンゴー（または好みのドライフルーツ）
…70g
プレーンヨーグルト（無糖）…100g
レモン…1/2個
ミックスナッツ…50g
ビターチョコレート…20g

下準備

- レモンは果汁を搾る（皮は取っておく）。マンゴーは7㎜角に切り、ヨーグルト、レモン果汁をかけて冷蔵庫で2時間〜一晩おく。
- パウンド型にオーブンシートを敷いておく。

作り方

1　ナッツは180度のオーブンで8分ローストし、7㎜角に切る。チョコレートは細かく刻む。

2　ボウルに生クリームを入れ、砂糖を2回に分けて加え、泡立て器で八分立てにする。

3　マンゴーを浸したヨーグルト、ナッツ、チョコレート、レモンの皮をすりおろして加え、さっくりと混ぜ合わせる。

4　型に流し入れ、冷凍庫で一晩凍らせる。型から出し、好きな大きさにカットして器に盛る。

※レモン果汁の代わりにリモンチェッロ（p.32）でも。レモンとバニラのジャム（p.110）を混ぜてもおいしい。

保存：冷蔵で3日ほど

果汁

手作りカッテージチーズ

思った以上に簡単に作れるカッテージチーズ。水きりの時間で舌触りが変わるので、好みのかたさに仕上げてください。塩とオリーブオイルをかけて食べてもおいしい。

材料 作りやすい分量

牛乳…1ℓ
生クリーム（好みで）…50～100mℓ
塩…小さじ1/2
レモン果汁…大さじ3（約1個半分）

a

b

作り方

1 鍋に牛乳と生クリーム、塩を入れて中火にかける。沸騰直前に弱火にし、レモン果汁を少しずつ加えながらかき混ぜる。

2 ほろほろとかたまり始めたら火を止め（a）、10分ほどおく。

3 ボウルにガーゼ（またはペーパータオルを2枚重ねる）を敷いたざるをのせ、**2**を注ぐ（b）。

4 水気をきって冷蔵庫で冷やす。デザートとしてそのまま食べるなら、30分ほど水気をきった状態がおいしい。料理やケーキに使う場合は2時間ほど水きりをする。

5 器に盛り、好みのジャム（ここではp.110のレモンとバニラのジャム）を添える。

※ボウルに残った乳清300mℓと牛乳300mℓにレモン果汁大さじ1を加えて同じ工程で作るとリコッタチーズができる。

保存：常温で3日（スライスして冷凍も可）

果汁　皮

レモンとタイムの鍋パン

レモンを加えることで、香りがよくなるほか、皮がパリッと焼けるというメリットも。鍋で焼くと成形いらずで、初めてでも上手に焼けます。

鍋について

蓋がぴったり閉まる鋳物鍋、厚手のアルミ鍋、ステンレス鍋で、蓋ごとオーブンに入れられるものを使用。蓋がプラスチックの場合はオーブンに入れられないため、アルミホイルをぴったりかぶせて焼く。

材料

直径22×深さ9.9㎝（蓋は含まない）の鍋1個分／容量2.6ℓ

A 準強力粉（強力粉でも可）… 300g
- インスタントドライイースト … 3g
- 砂糖 … 小さじ1
- 塩 … 小さじ1

レモン … 1個
タイム … 2枝
打ち粉（強力粉）… 適量

下準備

- 仕込み水230㎖を35度前後（人肌程度）に温めておく。
- 冬場はオーブンを35〜45度（発酵機能）に設定して使用する。

作り方

1 レモンは果汁を搾って小さじ1を用意する。皮は1個分をすりおろす。タイムは枝から葉を取る。

2 ボウルにAを入れてゴムべらでしっかり混ぜる。仕込み水、レモン果汁、レモンの皮、タイムを加えて、さらにゴムべらで粉っぽさがなくなるまで混ぜる。

3 ラップをかけて常温（冬場以外）～35度で35分ほど、生地が2倍に膨らむまで一次発酵させる（a）。

4 台に打ち粉をふり、生地の底の部分を上にしてのせ、スケッパーで端から中央に向かって5か所ほど折りたたむ。とじ目を下にしてボウルをかぶせ、10分休ませる（ベンチタイム）。

5 **4**と同様に、生地の底の部分を上にして、端から中央に向かって5か所ほど折りたたみ、生地に張りを持たせる。オーブンシートを敷いた鍋にとじ目を下にしてそっと入れ、蓋をする。

6 常温（冬場以外）～30度で20分ほど、鍋の8割くらいに膨らむまで二次発酵させる（b）。オーブンを240度に予熱する。

7 表面に打ち粉をふり、包丁でそっと十字にクープ（切り込み）を入れる。蓋をして、240度のオーブンで25分焼き、蓋を外して15分ほど焼く。焼き上がったら網にのせて粗熱を取る。

a

b

河井美歩

MIHO KAWAI

徳島県出身。大手料理教室にて10年間、講師、人材育成、商品企画・開発等を担当。2009年より料理家として独立。茨城県・つくばと東京都・神楽坂を拠点に、料理教室、メニュー開発、商品企画、レシピ作成、店舗プロデュースなど、幅広く活動する。時間を見つけては、海外の食文化を学びにフランス、イタリア、ベトナムなど、料理修業の旅に出る。
https://www.kawaimiho.com/

デザイン　高橋朱里（マルサンカク）
撮影　新居明子
スタイリング　駒井京子
調理アシスタント　城野聖奈
横瀬千里
校正　安久都淳子
DTP制作　天龍社
編集　広谷綾子

撮影協力
AWABEES
UTUWA
稲角農園　:inazumifarm@gmail.com

取材協力
三輪正幸
千葉大学環境健康フィールド科学センター助教。1981年岐阜県生まれ。専門は果樹園芸学およびデザインシステム学。「NHK趣味の園芸」や「NHKあさイチ」の講師をつとめ、家庭でも果樹を気軽に楽しむ方法を提案している。著書に『NHK趣味の園芸 よくわかる栽培12か月 レモン』（NHK出版）、『新版 家庭でできるおいしい柑橘づくり12か月』（家の光協会）など。

まるごとレモン ベストレシピBOOK

2021年7月20日　第1版発行

発行者　関口 聡
発行所　一般社団法人　家の光協会
〒162-8448　東京都新宿区市谷船河原町11
電話　03-3266-9029（販売）
03-3266-9028（編集）
振替　00150-1-4724
印刷・製本　図書印刷株式会社

乱丁・落丁本はお取り替えいたします。
定価はカバーに表示してあります。

ISBN978-4-259-56696-8　C0077